대한제국군에서 한국광복군까지

황학수

대한제국군에서 한국광복군까지

황학수

| **한국독립운동사연구소** 기획 | **한시준** 지음 |

역사공간

한국광복군 총사령 대리로 활동할 때의 황학수

황학수 친필

책 머리에

흔히 군인을 국가의 간성干城(방패와 성)이라고 한다. 외적의 침략으로부터 국가를 보호하고 지켜내는 것이 군인의 몫이기 때문이다. 1910년 일본제국주의의 침략을 결국 막아내지 못하고 대한제국이 멸망했다. 그리고 일제의 식민지 지배를 받게 되었다.

나라가 망하고 식민통치를 받게 되었을 때, 대한제국의 군인들이 이에 어떻게 대응하고 활동했나 하는 문제는 중요한 관심이 되지 않을 수 없다. 대한제국 군인들이 군대의 해산을 거부하고, 일제에 저항한 사실은 잘 알려져 있다. 그러나 이후 대한제국 군인들의 활동, 특히 독립운동과 관련해서는 별다른 연구가 이루어지지 않았다.

이런 현실에서 주목할 인물이 몽호 황학수夢乎 黃學秀(1879~1953)다. 그는 대한제국 육군무관학교 제1회 졸업생으로, 군대가 해산될 때까지 대한제국 장교로 복무한 대한제국의 정통 군인이었다. 3·1

운동 직후 그는 중국으로 망명, 독립운동에 참여해 활동했다.

독립운동에서도 황학수는 줄곧 군인으로서의 삶을 살았다. 만주에서 독립군을 조직해 대일항전을 전개했고, 임시정부에서 한국광복군을 창설하고, 서안에 설치된 총사령부의 총책임자로 활동한 것이다. 대한제국 육군무관학교를 졸업한 장교 출신이 대한제국의 군인을 거쳐, 만주에서 독립군으로, 그리고 임시정부의 광복군으로 활동한 사례는 찾아보기 어렵다. 대한제국 군인이 독립군으로 활동한 경우는 있지만, 광복군에 이르기까지 활동한 경우는 극히 드물다.

지금까지 확인된 바로는, 황학수가 유일한 경우가 아닌가 한다. 황학수란 인물을 주목하는 이유가 바로 여기에 있다. 황학수는 삶의 대부분을 군인으로 살았다. 1898년 대한제국 육군무관학교에 입학해 군인의 길로 들어선 그는 1945년 해방을 맞을 때까지 군인으로 활동했다. 50년 가까이 군인으로 산 셈이지만 군인으로서도 평범한 삶은 아니었다. 대한제국 군인으로서, 대한제국의 멸망을 겪어야 했던 것이다.

그리고 빼앗긴 나라를 되찾기 위해 남·북만주지역에서 독립군을 조직해, 일제와 치열한 전투를 벌이면서 삶을 살아 왔다. 또한 한인 청년들의 그림자조차 찾기 힘든 중국대륙에서 광복군을 창설하고, 일본군 점령지역을 대상으로 병력을 모집하며 광복군의 기반을 마련하기도 했다.

황학수가 이렇게 살아간 삶의 자취와 활동은 한국근현대사의 일부분이 되고 무장독립운동사의 한 줄기를 이루고 있다.

이 책은 황학수의 생애와 활동상을 그가 활동한 궤적을 따라 대한제국의 군인, 만주에서의 독립군, 임시정부의 한국광복군으로 나누어 정리한 것이다. 이런 황학수의 삶은 국가가 외적의 침략을 받아 어려운 상황에 처했을 때, 군인으로서 어떻게 살아야 하는지를 보여준 중요한 본보기가 될 것으로 생각한다.

2006년 2월 16일

한시준

차 례

한국광복군을 창설하고 기반을 마련하다

대한제국 군인이 되다

'충군'과 '대의'를 가슴에 새기며 자라나다

황학수는 1879년 6월 10일 서울 화동에서 부친 황두연과 모친 홍씨 사이에서 4형제 중 3남으로 태어났다. 본관은 창원이고, 자는 필옥, 호는 몽호이다. 만주지역에서 독립운동을 할 때는 이국현이란 가명을 사용하기도 했다. 황학수의 생애를 살펴보는 데 있어 그의 출생이 어떠했는지가 중요하나, 안타깝게도 그의 가계에 대해서는 알려진 것이 없다. 그의 회고록에도 이를 짐작할 수 있는 직접적인 언급은 없다. 아마도 그의 아버지는 서울에서 상업을 해서 돈을 많이 번 상당한 재력가였던 듯하다.

그가 태어났을 때 한반도는 개항 이후 혼란을 겪는 상태였다. 1881년에는 전국의 유생들이 정부의 개화정책을 반대하는 신사척사운동을 일으켰고, 다음해에는 이른바 구식군인들이 주동한 임오군란이 일어나 정국이 어수선했다. 이러한 혼란은 꼬리를 물어 1884년에는 개화당 인사들의 주도하에 갑신정변이 일어났다.

서울의 정세가 불안하자, 그의 아버지는 가족들을 안전한 곳으

황학수가 성장한 대전리 삼화동 전경

로 피난시키려 했다. 갑신정변이 있은 직후인 1884년 겨울 황학수는 어머니 홍씨와 함께 충청북도 단양군 어상천면 대전리 삼화동이라는 곳으로 내려왔다. 이곳은 강원·경북·충북이 접경을 이루는 깊은 산골이었다. 그의 나이 여섯 살 때였다. 이후 황학수는 1895년 서울로 올라갈 때까지 어머니와 함께 이곳에서 성장했다.

황학수는 아버지와 떨어진 채 어머니 홍씨의 정성어린 보살핌을 받으며 자랐다. 홍씨는 삼화동으로 내려온 후 아들을 위해 뒤뜰에

대전리 황학촌 입구의 허선생 효자비각

단을 만들어 놓고 매일 '녹음메'(놋쇠로 만든 새옹에 짓는 밥)를 지어 기도하기를 작고하는 순간까지 했다고 한다. 이러한 어머니의 모습에 황학수는 크게 감동하고 있었다. 그의 회고록에는 어머니의 기도하는 모습이 상세하게 언급되어 있고, 부친에 대한 추억보다는 어머니에 대한 애틋한 감회가 흠뻑 배어 있다.

홍씨는 삼화동에 내려온 후 당시 이곳에서 학행범절(학문과 예의 범절)로 유명한 허증許臨 선생을 찾아, 아들을 그의 서당에 보냈다.

악비의 어머니가 악비의 등에다 '진충보국盡忠報國' 이란 글을 새겨주고 있다.

대전리 황학촌에 살고 있던 허증 선생은 그의 생전에 효자비각이 세워질 정도로 효행이 유명한 인물이었다. 황학수는 허 선생의 지도를 받으며, 서울로 이사할 때까지 10여 년 동안 한학을 배웠다.

서당에서의 공부뿐만 아니라, 황학수는 어머니에게서도 많은 가르침을 받았던 것 같다. 일상생활에 관한 이야기에서부터 옛날이야기에 이르기까지, 그의 회고록에는 어머니에게 들은 이야기들이 적혀 있다. 그중에 "중국 송나라 때 악비의 모친이 악비의 등에다가 충군忠君이라고 새겨주어서 악비가 이를 잊지 않고 국사國事에 몸을 바쳤다"는 이야기와 "남자는 남자다운 일을 해야 하는 것이니 대의大義를 알도록 공부해야 한다"는 내용이 있다. 그의 어머니는 황학수에게 특히 '충군'과 '대의'를 강조했고, 어머니의 가르침인 충군과 대의가 황학수의 인생에 커다란 영향을 끼쳤다.

황학수는 15세 되던 해인 1893년 정월, 정희섭의 19세 된 딸과 결혼한다. 정희섭은 서울에서 책방을 경영한 사람이었던 것 같다. 이 결혼은 어릴 때에 부모들 사이에 정혼을 하여 이루어졌다. 황학수는 그의 결혼에 대체로 만족했던 것 같다. 회고록에 "연령이 19세요 범절이 있는지라 능히 위 사람을 받들고 아래 사람을 거느리기를 잘 함으로 어머니께서도 대단하게 여기시니 참으로 다행이다"라 하고 있다.

황학수가 결혼해 살림을 꾸린 후, 서울에 남아 있던 가족들도 삼화동으로 내려왔다. 1894년 정월 전라도에서 일어난 동학 농민운동이 각지로 확대되어 가면서 사회가 혼란해지자, 그의 부친이 서울에 남아 있던 가족들을 모두 데리고 삼화동으로 낙향한 것이다. 이로써 가족들이 한 곳에 모여 함께 생활하게 되었다.

그의 아버지는 사회의 혼란을 피해 깊은 산골을 찾았지만, 황학수는 이와 달랐다. 동학농민군의 활동 소식을 듣고 '동학당'에 뛰어든 것이다. 동학농민군들이 일본군을 몰아내기 위해 다시 봉기

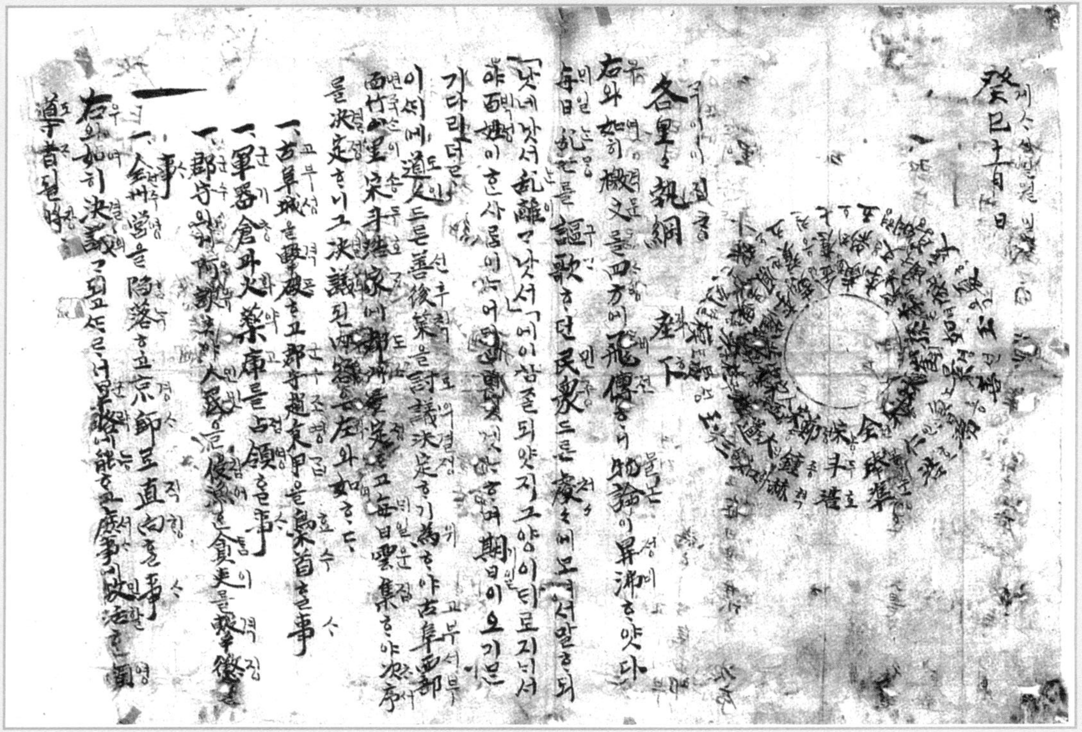

동학농민군의 궐기를 촉구한 사발통문

하여, 제천 일대에서도 활동을 벌이고 있었다. 황학수는 "동학당이 사방에서 봉기하여 구국의 뜻을 선포하면서 당원을 모집하는지라, 나는 혈기의 왕성함으로 의분심을 참지 못해 자의로 입당하였다"고 했다. 그는 1894년 7월 일본군이 경복궁을 침입한 '갑오변란'에 대해 들었을 것이고, 이에 동학농민군이 봉기해 구국을 내세우자 의분을 참지 못하고 동학당에 참가한 듯 하다.

큰 뜻을 품고 동학당에 들어가긴 했지만, 황학수는 활동할 수 없었다. 그가 동학당에 참가했다는 소문을 듣고, 그의 아버지는 물론이고 서울에 있는 장인까지 나서서 만류했기 때문이다. 결국 황학수는 동학당을 나왔다. 비록 동학당에서 활동하지는 못했지만, 그는 외세가 조국을 침략하는 현실을 그대로 지켜만 보지 않았다. 어머니로부터 '충군'과 '대의'의 가르침을 받은 그는 또 다른 구국의 길을 모색했다. 대한제국의 육군무관학교에 입학하고, 이후 군인의 길을 걷게 된 것이다.

육군무관학교 제1기생으로 졸업하다

1895년, 황학수는 부모를 잃었다. 그의 아버지는 병환으로 운명했고, 어머니도 아버지 상중에 병환을 얻어 세상을 떴다. 그는 "이곳은 단지 피난지일 뿐이고 살아갈 거처지는 못 되니 시국형편을 보아서 경성으로 이사하라"는 어머니의 유언에 따라, 장례를 치른 후 서울로 올라왔다. 그는 아버지가 모아둔 돈을 가지고, 처가의 도움도 받아 서울 계동에 집을 마련했다.

서울에 올라온 그는 대한제국 육군무관학교에서 생도를 모집한다는 소식을 듣고 이에 응시했다. 육군무관학교는 신식군대의 지휘와 훈련에 필요한 초급장교를 양성하고자 이미 1896년 1월에 설립되었었다. 그러나 설립 직후 고종이 러시아 공사관으로 피신한 아관파천이 발생해 제대로 운영되지 못했다.

이후 고종이 환궁하고 대한제국이 수립되면서 군부대신 이종건이 고종황제에게 무관학교의 부활을 건의하여, 1898년 5월 칙령 제11호로 무관학교관제가 개정 공포되면서 무관학교가 다시 설립되

대한제국 육군무관학교 생도들

어 생도를 모집한 것이다.

당시 무관학교에 응시하려면 우선 추천을 받아야 했다. 칙령으로 발표된 무관학교 관제에 의하면, 군부의 장·령·위관의 추천이나 칙임관의 추천을 받아 학도를 선발하도록 되어 있었다. 이와 아울러 학도를 추천한 사람은 추천한 학도가 졸업할 때까지 학도에게 일어나는 모든 일에 대해 책임을 지도록 했다. 이런 규정에 의해 추천된 응시생들은 대부분 군부의 장교나 칙임관의 자제들이었다.

황학수가 누구의 추천을 받았는지, 또 어떤 경로로 응시하게 되었는지는 분명치 않다. 그 역시 생도 선발규정에 따라 추천되었을 것이다. 그렇지만 추천자나 그 배경이 든든했던 것 같지는 않다. 무관학교에 입학한 과정에 대해, 그는 "무관학교를 신설하고 처음으로 생도를 모집하는데, 그 응모자가 다수였으므로 나 역시 지원은 했으나 자신이 적더니 요행으로 ……" 라 회고했다.

무관학교의 경쟁률은 대단했다. 모집 공고가 난 지 1개월 만인 1898년 6월, 200명 모집에 1,700명이나 지원해 8.5대 1의 경쟁률을 보인 것이다. 이렇듯 지원자가 많았던 것은 대한제국 선포 후 신설된 육군무관학교라는 점이 크게 작용했고 그밖에 무관의 품계가 다른 직종에 비해 높은 것도 주요한 원인이었다. 당시 무관의 품계는 장교만 되면 6품 이상의 대우를 받을 정도로 높았다.

무관학교 생도의 선발은 2단계 시험을 거쳐 이루어졌던 것 같다.

고종황제

당시 생도를 선발한 과정에 대해서는 알려진 바가 없다. 다만 황학수가 "제1차 300명 선발시험에 합격되었고, 제2차 육무정 어전시험 200명 선발에도 합격되었다"고 말한 데서 선발 과정을 추측해볼 수 있다. 지원자 1,700명 중에서 우선 1차로 300명을 선발하고, 이들을 대상으로 육무정에서 고종황제가 참석한 가운데 어전시험을 실시하여 최종적으로 200명을 합격시킨 것으로 보인다. 황학수는 1·2차 시험에 모두 합격, 당당히 육군무관학교에 입학했다.

당시 초대교장은 이학균이었다.

일본과 러시아의 군사교관들이 돌아간 후 대한제국의 장령이 무관학교 운영을 담당한 것이다. 이들은 학도에 대해 강도 높은 교육과 훈련을 실시했고, 부적격자는 퇴학시키거나 낙제를 시켰다고 한다. 200명이 입학해 교육과 훈련을 받았지만, 교육 도중 44명이 입격부족자라 하여 퇴학당하고, 졸업 때에 이르러서는 30여 명이 낙제했다고 한다.

황학수는 1년 6개월에 걸친 엄격하고도 고된 교육과 훈련을 무사히 마쳤다. 졸업식은 1900년 1월 19일에 있었다. 그는 장연창·박용준·김학소 등을 비롯한 128명과 함께 육국무관학교 제1기생으로 졸업했다. 200명 입학생 중 72 명이 도중하차한 것이다.

졸업식은 고종이 참가한 가운데 성대하게 거행되었다. 함녕전에서 치뤄진 졸업식에 고종이 대원수의 자격으로 참석해, 이들에게

○學事

光武四年一月十九日陸軍武官學徒第一回卒業榜

張然昌 朴容俊 張行遠 李錫潤
金允培 李晶鎬 金麟浩 具然浩
權基弘 元殷常 宋台顯 俞致萬
李義烋 金學詔 安喆榮 馬駿根
黃境秀 李鳳緖 朴熙陽 韓相鳳
洪中裕 張益煥 申亮均 文敬耆
太有善 柳哲永 玄 桓 陳錫九
李昌永 洪天憙 白南弼 韓龍鎬
李完熙 趙承鎬 金存性 李敏斗
金相雨 趙重萬 李桂哲 張基承
吳惟泳 權彰洙 申鳳均 韓鎭容
白樂嵩 李錫一 金思億 宋欽國
趙重完 李存容 李鍾赫 李淳榮
宋榮奭 崔岐鉉 任允宰 金相台

朴永毅 金重鉉 鄭 烓 趙男熙
金定鉉 李立珪 吳英根 金東鍊
權日善 張世鎭 朴觀秉 李敏秀
張潤圭 李南寧 羅 鎬 柳基馨
金相應 李重寅 李克林 鄭觀秀
李容烋 鄭熙鳳 金炳曄 徐相漢
申 佝 柳冀聖 黃學秀 梁在熏
沈相崙 金大鉉 李載華 任哲宰
金德濟 崔東燮 金敎俊 崔鴻基
朴泰發 崔禹相 申河均 朴泰琦
尹明秀 洪哲裕 宋世浩 梁晳煥
金錫禹 韓鳳會 尹禹永 李源協
徐丙台 丁晃燮 景在浩 洪元杓
金永國 李愚誠 鄭敏和 白南肅
閔夏植 申岱永 邊永斗 康漢鎔
洪淳孝 洪彦杓 安敎榮 吳哲泳
南相鶴 權用畋 羅鍾培 張明根
韓益履 鄭圭朝 全琮鉉 白南圭
以上一百二十八人

대한제국육군무관학교 제 1기 졸업생 명단

직접 졸업장을 수여했다고 한다. 졸업과 함께 황학수는 대한제국 육군참위로 임명되었다.

대한제국 군대의 장교로 복무하다

쾌활한 남자로 불리다

황학수가 육군참위로 임관할 무렵 대한제국의 군대는 크게 친위대와 시위대를 핵심으로 한 중앙군, 그리고 진위대와 지방대라 불리는 지방군으로 나뉘어 있었다. 황학수는 1900년 1월부터 1907년 8월 일제에 의해 군대가 해산당할 때까지 7년 반 동안 중앙군과 지방군을 비롯해 각종 군사기관에서 대한제국 군인으로 활동했다.

황학수가 처음 부임한 곳은 친위대였다. 친위대는 1895년 9월 서울의 왕성수비를 전담하기 위한 부대로 설립된 중앙군이었다. 황학수는 육군보병참위에 임관됨과 동시에 친위제1연대 제1대대에 견습생으로 명령을 받았다.

친위대에서 견습생을 마친 후, 1900년 9월 21일 황학수는 시위제1연대 제3대대로 부임했다. 시위대는 고종이 러시아 공사관에서 경운궁으로 환궁한 직후인 1897년 3월에 창설되었다.친위대에서 정예병을 차출해 이루어졌고, 황실의 경비를 주요 임무로 하는 왕실

호위부대였다.

황학수는 1904년 5월 진위대로 옮길 때까지 4년여 동안 시위대에서 장교로 근무했다. 그는 시위대에서 복무하는 동안 두번씩이나 중요한 일을 해냈다. 한번은 병사들에 대한 교련을 통일시킨 일이다. 당시에는 일본·미국·러시아 등의 군사교관들에 의해 신식군사훈련이 실시된 관계로, 군인들에 대한 훈련과 그 방법이 제각각이었다. 황학수가 몸담고 있던 시위대의 훈련은 러시아 교관들이 관장하고 있었다. 그러다 1898년 3월 러시아 교관들이 철수하면서, 대한제국 장교가 시위대의 훈련을 전담하게 되었다.

그런데 훈련에 문제가 된 것은 황학수가 소속되어 있던 제3대대였다. 제3대대는 1900년 9월 새롭게 편성되었는데 1899년 6월 황제를 대원수로 한 원수부가 설치되고, 황제가 군령권을 갖게 되면서, 기존의 2개 대대에서 1개 대대를 더 증설해 제3대대를 편제한 것이다.

제3대대는 병력을 여러 곳에서 차출해 구성되었다. 여러 곳에서 뽑아오다 보니 사병들은 일본·미국·러시아식으로 제각기 다른 훈련을 받아 혼선이 빚어질 수밖에 없었다. 그래서 대대장이 장교들을 소집해 병사들에 대한 훈련을 통일시키고자 했고, 그 책임을 황학수에게 맡겼다. 그는 대대장의 명령이 있은 후, 훈련에 대한 통일안을 강구해, 5개 중대로 구성된 제3대대 전체의 훈련을 통일시키

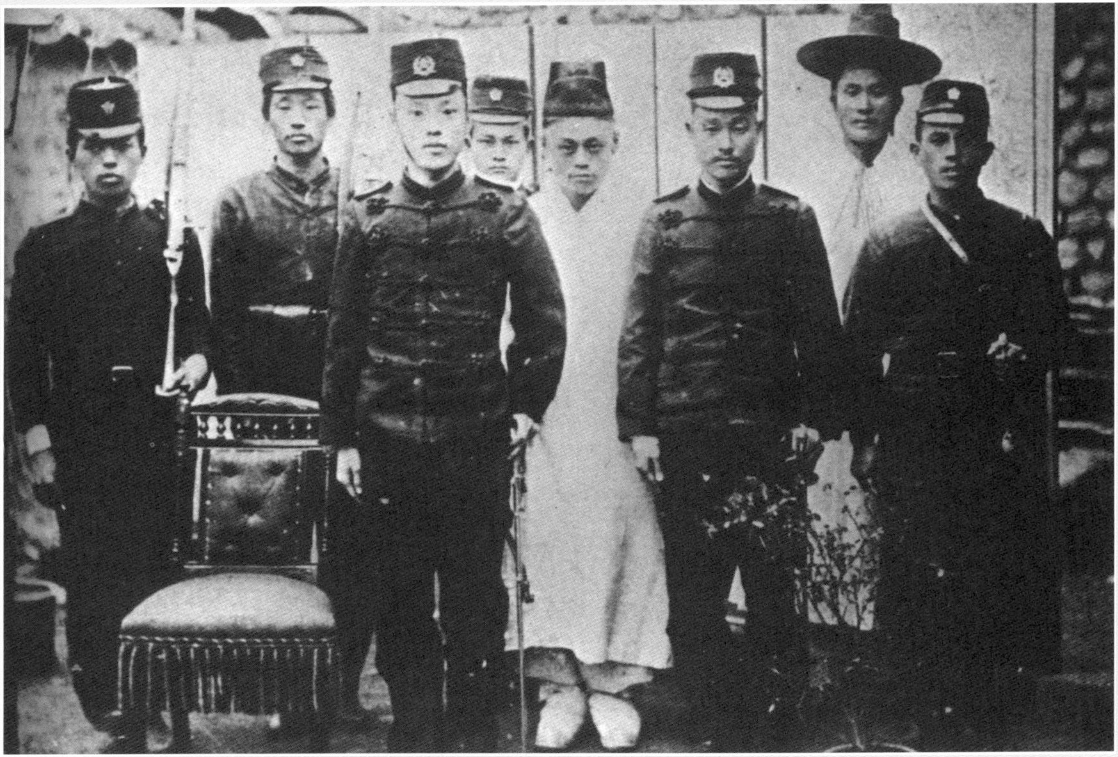

대한제국의 군인(시위대)

는 데 커다란 공헌을 했다.

또 하나는 대대장 이용익에 대한 배척운동을 막은 일이다. 이용익은 황실의 재정을 장악하고 고종의 측근으로 활동하면서 정부대신들로부터 많은 시기와 비판을 받던 인물이었다. 이런 이용익이 시위대대장을 겸직하고 있었는데, 1902년에 정부의 관리들과 민중들로부터 집중적인 성토를 당하고 있었다. 윤용선·심순택·조병세 등이 '귀비貴妃 엄嚴씨를 능핍凌逼하고, 조정의 신하로서 체모를 손상시킴이 형언할 수 없으므로 우선 면관免官하고 법부로 하여금 처벌하라' 는 내용의 상소문을 연일 올린 것이다.

이들은 상소뿐만 아니라 이용익을 몰아내기 위한 집회도 개최하고 있었다. 정부 인사들은 백목전도가(육의전)에 모여 회의를 열고, 민중들은 보신각 앞에 모여 연설 등을 했다. 내외에서 자신을 배척하는 운동이 전개되자, 이용익은 신변의 위협을 느껴 고종의 옆을 잠시도 떠나지 않았다고 한다. 그만큼 반反이용익 분위기가 거센 상황이었다.

대대장에 대한 배척운동이 전개되자, 시위대 장교들 사이에서 이에 대한 의견이 분분했다. 그러나 황학수는 시위 군중을 해산시키고, 대대장을 보호해야 한다고 주장했다. 그렇지만 이에 찬성한 장교는 아무도 없었다. 이때, 황학수가 결연히 나서서 이용익을 보호했다. "대대장의 형편이 여차하여 위경危境에 지至하였으므로 묵

시위대 대대장 이용익

시할 수 없다."는 것이 그 이유였다. 이용익은 시위대 대장으로, 그의 직속상관이었다. 황학수는 단독으로 50여 명의 병력을 동원해 종로로 나갔다. 그리고 백목전도가에서 배척운동을 전개하는 정계 인사들과 보신각 앞에서 시위운동을 하던 민중들을 해산시키고, 군인들을 요소마다 배치시켜 경비토록 했다. 이로써 이용익에 대한 배척운동이 진정되었다.

이 일을 계기로 황학수는 군대내에서 커다란 신임을 얻게 되었던 것 같다. 황학수 자신은 명령 없이 군대를 동원해 시위 군중들을 해산한 행위가 군법을 위반한 것이라 당연히 처벌받을 줄 알았다. 그러나 의외로 '쾌활한 남자' 라는 칭찬을 받았다. 그리고 군대내에서 일어나는 크고 작은 일을 막론하고 어려운 문제가 발생할 때에는 그에게 문의했다고 한다. 상관이 곤경에 처해 있을 때, 자신이 어떻게 되든 먼저 상관의 위급상황을 해결한 데 대해 높은 평가를 받았던 것이다.

감원의 칼바람을 빗겨가다

황학수는 1904년 5월 28일, 진위대 제1연대 제3대대로 인사발령을 받았다. 시위대에 복무한 지 3년 8개월 만이었다. 그러나 진위대에서의 근무는 오래가지 않았다. 대한제국 《관보官報》에 따르면, 그

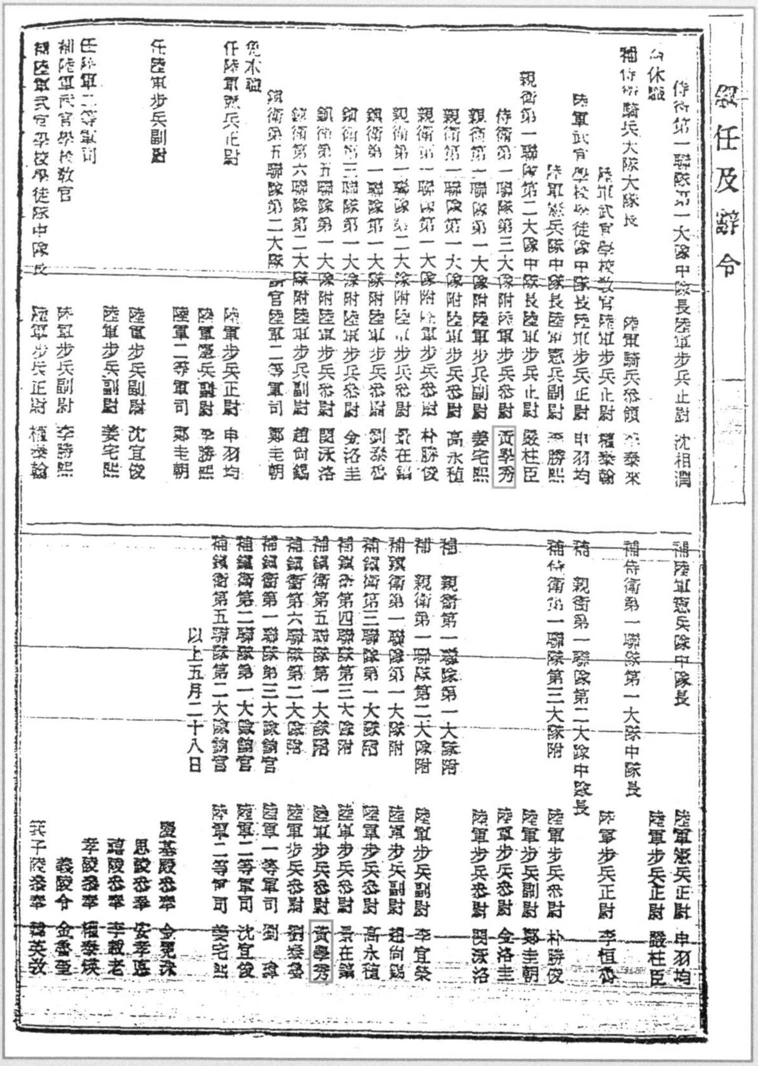

敍任及辭令

侍衛第一聯隊第一大隊中隊長陸軍步兵正尉 沈相潤

命休職

補侍衛騎兵大隊大隊長 陸軍騎兵參領 李泰來

陸軍武官學校教官陸軍步兵正尉 權泰翰

陸軍武官學校學徒隊中隊長陸軍步兵正尉 申羽均

陸軍憲兵隊中隊長陸軍憲兵副尉 李勝熙

親衛第一聯隊第二大隊中隊長陸軍步兵正尉 嚴柱臣

侍衛第一聯隊第三大隊附陸軍步兵參尉 黃學秀

親衛第一聯隊第一大隊附陸軍步兵副尉 姜宅熙

親衛第一聯隊第一大隊附陸軍步兵參尉 高永稙

親衛第一聯隊第一大隊附陸軍步兵參尉 朴勝俊

親衛第一聯隊第二大隊附陸軍步兵參尉 景在鎬

鎭衛第一聯隊第一大隊附陸軍步兵參尉 劉燦燮

鎭衛第三聯隊第一大隊附陸軍步兵參尉 金洛圭

鎭衛第五聯隊第一大隊附陸軍步兵參尉 閔泳洛

鎭衛第六聯隊第二大隊附陸軍步兵副尉 趙尙鎬

鎭衛第五聯隊第二大隊餉官陸軍二等軍司 鄭圭朝

免本官

任陸軍憲兵正尉

任陸軍步兵副尉

任陸軍二等軍司

補陸軍武官學校教官

補陸軍武官學校學徒隊中隊長

陸軍步兵正尉 申羽均

陸軍憲兵副尉 李勝熙

陸軍二等軍司 鄭圭朝

陸軍步兵副尉 沈宜俊

陸軍步兵副尉 姜宅熙

陸軍步兵副尉 李勝熙

陸軍步兵正尉 權泰翰

補陸軍憲兵隊中隊長

補侍衛第一聯隊第一大隊中隊長

補親衛第一聯隊第二大隊中隊長

補侍衛第一聯隊第三大隊附

補親衛第一聯隊第一大隊附

補親衛第一聯隊第二大隊附

補親衛第一聯隊第一大隊附

補鎭衛第三聯隊第一大隊附

補鎭衛第四聯隊第三大隊附

補鎭衛第五聯隊第一大隊附

補鎭衛第六聯隊第二大隊附

補鎭衛第一聯隊第三大隊餉官

補鎭衛第二聯隊第一大隊餉官

補鎭衛第五聯隊第二大隊餉官

以上五月二十八日

陸軍憲兵正尉 申羽均

陸軍步兵正尉 嚴柱臣

陸軍步兵正尉 李恒儀

陸軍步兵參尉 朴勝俊

陸軍步兵副尉 鄭圭朝

陸軍步兵參尉 金洛圭

陸軍步兵參尉 閔泳洛

陸軍步兵副尉 李宜榮

陸軍步兵副尉 趙尙鎬

陸軍步兵參尉 高永稙

陸軍步兵參尉 景在鎬

陸軍步兵參尉 黃學秀

陸軍步兵參尉 劉燦燮

陸軍一等軍司 劉 瑋

陸軍二等軍司 沈宜俊

陸軍二等軍司 姜宅熙

慶基殿參奉 金晃洙

思陵參奉 安孝直

昌陵參奉 李觀老

孝陵參奉 權泰鎭

義陵令 金魯聖

箕子陵參奉 韓英敎

시위대에서 진위대로 인사발령(대한제국 관보)

는 1904년 10월 20일 친위대 제1연대 제3대대로 발령받은 것으로 나타나 있다. 진위대로 전보된 지 5개월 만에 다시 전보발령을 받은 것이다.

황학수가 명령에 따라 다시 상경해 친위대에 몸담고 있을 무렵, 대한제국 군대에 감원 바람이 일었다. 이 바람은 일제가 대한제국 군대의 감축문제를 추진하면서 일기 시작했다. 일제는 대한제국의 재정이 어렵게 된 주된 요인이 군사비라고 하면서, 재정문제를 해결하기 위해서는 무엇보다도 군대를 축소해야 한다고 했다. 여기에는 러일전쟁을 계기로 한반도에 군대를 주둔시킨 일제가 대한제국의 군사력을 점진적으로 붕괴시키려는 음흉한 의도가 숨겨져 있었다.

대한제국 군대를 감축하는 문제는 1904년 말부터 본격화되었다. 1904년 12월 주차일본군사령관 하세가와가 고종에게 「한국군제 개정에 관한 의견」을 건의, 대한제국의 군제개혁을 요구한 것이다. 내용의 핵심은 군사비는 국가세입의 4분의 1을 초과해서는 안 되는데 대한제국은 3분의 1을 군사비로 책정하고 있다며, 내란 진압에 필요한 병력만 남겨두고 나머지는 감축해 세입과 군사비의 균형을 맞추어야 한다는 것이었다.

이를 계기로 대한제국 군대내에 한바탕 감원이 일었다. 황학수는 이용익 사건도 있고 해서 자신은 당연히 해고되리라 생각했다.

대한제국의 군인(사진은 1905년 강화 진위대 장병들)

그러나 그는 잘리기는커녕 오히려 1905년 4월 19일 육군연성학교 교관으로 발령을 받았다. 이로써 황학수는 친위대에서 근무한 지 6개월 만에 다시 육군연성학교로 옮기게 되었다. 황학수가 연성학교 교관으로 임명된 데에는 군부협판으로 연성학교 교장을 겸하고 있던 이희두의 입심이 크게 작용했다.

육군연성학교는 구식장교들을 재훈련시키는 곳이었다. 연성학교의 설립에는 일제의 의도가 크게 작용했다. 러일전쟁을 계기로 군사권을 장악하려는 일제가 그동안 실시된 러시아식 군대교육을 일본식으로 전환하려는 의도하에, 1904년 9월 세운 것이 연성학교였다. 앞에서도 말했듯이, 황학수는 시위대에서 근무할 때, 병사들의 훈련을 통일하는 책임을 맡고 이를 성공적으로 추진한 경험이 있었다. 이러한 그의 경험 또한 연성학교 교관에 임명된 배경이 되었던 것 같다.

토비는 반란군이 아니라 의병이다

황학수는 육군연성학교 교관으로 임명된 지 얼마 안 되어 다시 부대를 옮겼다. 경상북도 안동에 있는 안동진위대였다. 이희두가 경북 일대의 '토비土匪' 를 진압하라는 지시와 함께 황학수를 안동진위대 대장으로 임명했다고 한다. '토비' 는 각 지방에서 일어나

전국 각지에서 활동한 항일의병의 모습

활동하던 의병을 일컫던 말이다.

진위대는 국경을 수비하는 임무를 맡기도 했지만, 각 지방의 치안을 담당하기도 했다. 1900년을 전후해 전국 각지에서 활빈당이 들고 일어났을 때 진위대가 이들을 진압한 것이 바로 그러한 경우였다. 1905년 을사늑약을 계기로 각 지방에서 의병들이 봉기하자, 진위대가 이들을 진압하는 데 동원되었다. 1905년 9월에 원주진위대가 출동한 것을 비롯해, 민종식의 홍주의병을 토벌하기 위해 청

주와 공주진위대 병력이 파견된 것이다.

황학수는 안동진위대로 부임하라는 명령을 받고 난감해 했다. 그 자신도 동학농민군이 봉기했을 때 동학당에 참여한 경험이 있었기 때문이다. 황학수는 이들이 '순토비純土匪'가 아니라 '의적'

체포된 의병들의 모습(사진은 공주 감옥에 잡혀온 충남의병들)

이라는 소문을 듣고, 안동진위대 대장을 사퇴했다고 한다. 그러나 직속상관이던 이희두는 칙령이라며 순순히 받아들이지 않았다. 그래서 황학수는 명령에 복종할 수밖에 없었다.

안동진위대에 부임한 황학수는 직무를 수행하는 데 있어 두 가지 방침을 세웠다. 하나는 자신의 관할구역에서 활동하는 토비들에게 자진 해산을 종용한다는 것이었다. 다른 한편으로는 병졸들에게 토비를 사살하기보다 생포에 주력하라고 지시했다. 그리고 귀화 및 생포한 토비들은 그의 재량으로 모두 석방했다.

상부의 명령 없이 생포한 토비들을 석방하는 것은 군법을 위반하는 것이었다. 그렇지만 황학수는 자신이 세운 방침과 결심대로 이들을 모두 풀어주었다. 이에 대해 하사들이 상부에서 이 사실을 알면 가만히 넘어가지 않을 것이라고 문제를 제기했다, 그러나 황학수는 "이에 대해서는 모든 책임을 내가 질 것이니 너희들은 염려 말라" 면서 자신의 고집을 꺾지 않았다.

황학수는 자신이 옳다고 생각하면 그것을 밀고나가는, 즉 자기 소신에 따라 행동하는 강직한 군인이었다. 이용익 사건만 해도 그랬다. 동료 장교들 중 어느 한 사람도 황학수의 의견에 동의하지 않았지만, 황학수는 곤경에 처한 상관을 구해야 한다는 판단이 서자 혼자서 병력을 동원해 이용익을 구한 것이다. 토비를 석방한 것도 마찬가지였다. 군법을 위반하는 일인줄 알면서도, 또 부하들의 만류에도 불구하고 생포한 토비들을 모두 풀어준 것은 그들이 한낱 토비가 아니라 '의적' 임을 알고 있었기 때문이다.

안동진위대에서 복무 중 황학수는 육군법원에 구속되었다. 자세한 사정은 알 수 없지만 구속된 사건은 대강 이렇다. 중앙에서 부대에게 비용을 제때 지급하지 않자, 황학수는 부대에서 사용할 돈을 그 지방 유지에게 빌리게 되었다. 그런데 돈을 구하는 과정에서 여러 사람을 거쳤고, 그 중 한 사람이 돈의 일부를 유용하였던 것 같다. 황학수는 병사들로 하여금 그를 잡아오게 했고, 유용한 금액의 반환을 요구하면서 고문을 한 듯하다.

이 사건은 육군법원에서 다루어졌다. 육군법원장인 엄주익이 진상을 조사해 군부대신에게 올렸다. 그러나 이유는 나타나 있지 않지만, 군부대신은 1907년 4월 8일자로 사면한 것으로 되어 있다. 이 사건으로 인해 황학수는 특별히 처벌을 받지 않은 것 같다. 하지만 그는 이를 계기로 안동진위대에서 육군유년학교로 전보 발령을 받았다.

대한제국 군대의 해산과 낙향

육군유년학교는 "무관학도로서 필요한 보통학과 및 군인의 예비 교육을 실시해 무관학도가 될 인원을 양성"하기 위해 설치된 곳으로, 15세에서 18세의 학도들을 모집해 군사훈련을 실시하는 곳이었다. 일종의 육군무관학교 예비과정에 해당된다고 할 수 있다.

황학수가 육군유년학교 교관으로 근무하고 있을 때, 일제가 대한제국 군대의 해산을 획책하고 있었다. 러일전쟁을 계기로 한반도에 조선주차군사령부를 설치한 일제는 앞에서 언급한 것처럼 1904년 말부터 대한제국 군제의 쇄신과 경비를 삭감한다는 명목으로 군대를 감축하기 시작했다. 그 결과 1907년에 이르러서는 중앙군으로 시위대 2개 연대만 남게 되었고, 각 지방의 진위대도 8개 대대로 축소되어 있었다.

점진적으로 군대를 축소해오던 일제는 1907년 '정미7조약'을 체결하면서, 대한제국의 군대를 완전히 해산시켰다. 군대의 해산은 정미7조약 조인과 동시에 시행세목을 규정한 '비밀각서'에 포함되어 있었다. 비밀각서에는 조약의 시행세칙과는 무관하게 "육군 1대대를 존치해 황궁 수위 임무를 담당하게 하고 기타 부대는 해산할 것"이라는 내용이 들어 있었다. 이것이 대한제국의 군대를 해산한 근거가 되었다.

군대의 해산은 일제의 치밀한 계획과 준비에 의해 이루어졌다. 1907년 7월 30일 일본군 사령관 하세가와는 총리대신 이완용과 함께 군부대신 이병무를 앞세우고 창덕궁에 있는 순종을 찾아가 군대해산조칙의 허가를 강요, 강압에 못이긴 순종에게 승낙을 받아냈다. 그리고 중앙군과 지방군을 순차적으로 해산시킨다는 계획에 따라 1907년 8월 1일부터 대한제국 군대를 해산했다.

군대 해산을 추진하는 과정에서 일제와 대한제국 군부는 군인들을 여러 방법으로 회유했던 것 같다. 장교들에게는 군수 또는 각부 과장을 지원하든지 그렇지 않으면 현직을 그대로 유지하고 일본에 유학하라는 권유를 했다고 하며, 병사들에게는 은사금을 지급했다고 한다. 하사에게는 80원, 1년 이상 근속한 병사에게는 50원, 1년 미만의 병사들에게는 25원을 준 것이다.

당시 황학수는 육군유년학교에 교관으로 복무하고 있었다. 그의 계급은 지금 중위에 해당하는 부위副尉였다. 그는 1905년 4월 13일 부위로 진급했고, 1907년 4월에도 동일한 직급이었다. 장교였던 그는 군수나 과장이 되던지, 아니면 일본으로의 유학을 택할 수도 있

강제해산 당한 대한제국 병사들

었다. 황학수는 장교로서 이런 권유를 받았지만, 그는 그 길을 택하지 않았다.

황학수는 모든 걸 다 버리고 낙향의 길을 택했다. 그는 자신이 성장한 고향인 충청북도 제천으로 내려가 송학면에 거처를 마련했다. 어려서 서당을 다니며 성장한 그는 무엇보다도 교육기관이 필요하다는 생각을 갖게 되었다. 황학수는 이곳에서 지방 유지들과 함께

군대해산에 저항하는 한국군 병영을 장악한 일본군

1908년 11월 20일, 부명학교를 설립했다. 『제천 제원사』에 따르면, 부명학교는 1911년 제천공립보통학교로 이름이 바뀌고, 해방 후인 1945년 9월 동명학교로 변경되어 현재까지 존속하고 있다는 것이다. 이후 그는 중국으로 망명해 독립운동에 뛰어들 때까지, 제천에서 생활했다.

독립군으로 대일항전을 전개하다

임시정부 육군무관학교 교관 시절

상해로 망명해 임시정부에 참여하다

황학수는 제천으로 낙향한 이후 사실상 은거나 다름없는 생활을 했다. 이러한 그의 일상에 일대 전환을 가져온, 더 나아가서는 그의 인생행로를 변하게 만든 일이 일어났다. 대한제국 육군무관학교 동기생인 김학소金學韶(일명 김혁)와의 재회가 그 계기가 되었다.

육군무관학교 동기생들이 서울에서 모인 적이 있었다. 황학수는 이 모임에 참석했다가 김학소를 만났다. 김학소 역시 군대가 해산될 때, 황학수와 마찬가지로 낙향의 길을 택한 인물이다. 그의 고향은 수원이었다. 이후 김학소는 만주로 이주해 독립운동에 참여하고 있었다. 황학수는 김학소에게서 동기생들 중 상당수가 만주일대에서 활동하고 있다는 것과 그곳이 지리적으로 독립군을 양성하는 데 적합하다는 말을 듣게 되었다.

황학수는 자신도 만주지역으로 가 독립군을 양성하고자 했다. 독립군을 키우기 위해서는 무엇보다도 군자금이 필요하다고 생각한 그는 일시에 큰돈을 마련할 방도를 강구했다 생각해낸 것이 금광이었다. 그는 집과 재산을 정리해 강원도 오대산에서 금광을 시작했다. 그러나 금광사업은 뜻대로 이루어지지 않았다. 금광사업은 실패했고, 오히려 가산만 탕진하게 되었다. 군자금을 마련하지 못한 그는 맨손으로라도 만주에 가서 활동하고자 했다.

그가 망명을 결행한 것은 3·1운동 직후였다. 1919년 3월 1일 발발한 3·1운동은 산골이나 다름없던 제천에서도 일어났다. 전국적으로 확산되어가는 3·1운동의 열기를 보면서, 그는 해외 망명을 서둘렀다. 당시 그는 일제 경찰의 감시를 받고 있었다. 온양 온천에 다녀온다는 소문을 냈다. 그것은 일경을 따돌리기 위한 계책이었다. 그리고 그는 곧장 상경했다.

서울에 올라온 그는 국외에 대한 소식을 수집하고 망명할 길을 찾았다. 그에게 국외의 소식을 알려준 것은 둘째 아들 길성이었다. 길성은 당시 의학강습소의 학생으로 3·1운동에 관여해 활동하고 있었다. 황학수는 아들에게서 국외 독립운동에 대하여 비교적 상세한 이야기를 들을 수 있었고, 마침내 의주를 거쳐 압록강을 건너 만주로 망명했다.

압록강을 넘을 때까지만 해도 황학수의 목적은 무관학교 동기생인 김학소를 찾아가는 것이었다. 그는 안동에 도착한 후, 만주에 있다는 김학소의 소재지를 수소문했다. 김학소에게서 연락이 오기를

대한문 앞에서 대한독립만세를 부르는 서민들

기다렸다. 그렇지만 아무런 연락도 받을 수 없었다. 그가 어디에 있는지도 정확히 알지 못했다.

김학소를 찾을 수 없게 된 그는 방향을 바꾸었다. 우선 상해에 있는 임시정부를 찾아가기로 한 것이다. 당시 상해에는 대한민국임시정부가 수립되어 활동하고 있었다. 3·1운동 직후 국내외 독립운동자들이 상해로 집결했고, 이들이 1919년 4월 11일 '대한민국'을 국호로 한 임시정부를 수립한 것이다.

황학수는 안동에서 상해로 가는 배를 탔다. 안동은 상해로 갈 수 있는 교통요충지의 하나였다. 특히 안동에는 한국독립운동에 매우 협조적이던 아일랜드인 쇼우George L. Show가 있었고, 그는 무역회사겸 중국의 선박회사 대리점인 이륭양행을 경영하면서 안동과 상해를 왕래하는 배를 운영하고 있었다. 황학수는 이 배를 타고 상해로 망명했다.

황학수가 상해에 도착한 일자는 정확하지 않다. 상해에서 그의 행적이 처음으로 발견된 것은 1919년 11월 3일이다. 1919년 9월 상해·한성·노령에서 수립된 세 임시정부의 통합이 실현되고, 대통령 이승만과 국무총리 이동휘를 비롯한 정부의 각원들이 새롭게 구성되어 임시정부는 정부로서의 조직과 체제를 갖추고 본격적인 활동을 시작하고 있었다.

11월 3일은 임시정부의 국무총리 및 총장들의 취임식이 있던 날

상하이의 초기 임시정부 청사

1920년대의 상하이 황포탄

이었다. 국무총리 이동휘를 비롯해 내무총장 이동녕, 재무총장 이시영, 법무총장 신규식 등 정부 각원들이 취임식을 거행한 것이다. 취임식 내빈 명단에 김립·안정근·김두봉·안현경·최동오 등과 함께 황학수의 이름이 나타난다. 상해에서 황학수의 이름이 보이는 것은 이것이 처음이다. 이로 보아 황학수는 적어도 1919년 11월 3일 이전 상해에 도착한 것 같다.

육군무관학교에서 군사간부를 양성하다

황학수는 상해에 도착한 후, 곧바로 임시정부에 참여하여 활동했다. 그가 처음으로 발령받은 곳은 군무부였다. 1919년 11월 17일, 그는 도인권과 함께 군무부 참사에 임명되었다. 그가 대한제국 육군무관학교 출신이고, 대한제국 군대의 장교를 지냈다는 점 때문이었다. 이후 황학수는 1920년 말 상해를 떠날 때까지, 1년여 동안 주로 군무부에서 활동했다.

임시정부 군무부의 직원은 모두 7명이었는데, 신원이 파악되지 않는 서기 3명 이외에, 참사 이상의 간부는 모두 대한제국 군인 출신이었다.

총장 노백린과 차장 김희선은 일본육군사관학교를 졸업하고 1901년 4월부터 대한제국 육군무관학교에서 교관으로 활동한 인물

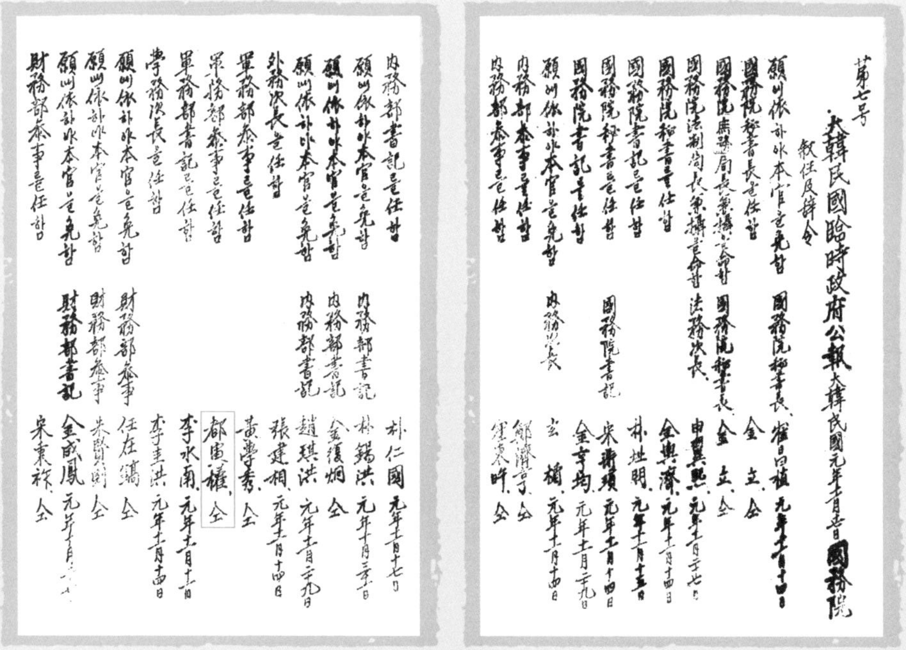

임시정부 군무부 참사에 임명된 사실을 알려주는 임시정부 문서.(좌측 여섯번째)

들이다. 그리고 황학수는 대한제국 육군무관학교를 졸업했고, 도인권은 대한제국 군대의 특무조장 출신이었다.

당시 군무부는 차장 중심으로 운영되었다. 총장 노백린은 미국에 있으면서 별도로 활동하고 있었다. 그는 미주교포의 도움을 받아 김종린과 함께 1920년 2월 캘리포니아주에 비행사양성소를 설립해, 비행사 양성을 위한 사업을 추진하고 있었던 것이다. 이에 따라 군무부는 차장 김희선 체제로 운영되었고, 황학수는 도인권과 함께 중간 간부 역할을 맡았다. 군무부의 직급이 정확하게 나타나 있지는 않지만, 1920년 2월 21일 비서국장에 임명된 것으로 보아 황학수는 국장급으로 복무한 것이다.

임시정부는 통합정부가 수립된 후 본격적인 활동을 시작하면서, 1919년 12월 군사활동에 대한 전반적인 계획을 수립했다. 그 방향은 「대한민국육군임시군제」, 「대한민국육군임시군구제」, 「임시육군무관학교조례」로 발표되었다. 임시군제는 군대를 편성한다는 원칙하에 군대의 편제와 법규를 마련한 것이다. 임시군구제는 남북만주와 연해주지역을 세 개의 군사구역으로 나누고, 각 구역에 거주하는 한인장정들을 군적에 편입시킨다는 것을 골자로 하고 있다. 그리고 무관학교조례는 군사간부를 양성하기 위해 군무부 산하에 육군무관학교를 설립 운영한다는 것이었다.

이러한 군사활동 계획은 군무부가 수립한 것이었다. 황학수도

미국 캘리포니아에 설립한 비행사양성소에서 훈련중인 비행사들

이 계획을 수립하는 데 관여했을 것이다. 직접 관여했는지는 확인할 수 없지만, 군무부 참사에 임명된 것이 11월 17일이었으니, 시간상으로 보면 계획에 관여했을 가능성이 높다. 황학수는 만주에서 독립군을 양성하는 꿈을 가지고 있던 인물이다. 무엇보다도 그는 군사간부를 양성하는 계획에 많은 기대를 갖고 있었다.

무관학교 설립과 관련된 내용은 거의 알려져 있지 않지만, 1920년 1월 18일자 안창호의 일기에 "손두환·김보연이 찾아와 육군사학 확장에 관한 일을 묻다. 육군사학을 정식 관립으로 하여 졸업한 후에는 참위參尉의 직職을 수受케 하라 함에 찬성하는 뜻을 표하다"라는 내용이 보이고 있다. 적어도 1920년 1월 18일 당시 무관학교 설립을 위한 준비가 상당히 진척되어 있었음을 알 수 있다.

육군무관학교는 군무부 직속으로 설립되었다. 설립된 시기는 정확하지 않지만, 무관학교 제1기 졸업식이 1920년 6월 8일에 있었고 훈련기간이 6개월이었던 점을 감안하면, 무관학교를 설립한 일자는 1920년 1월로 보아야 할 것 같다.

육군무관학교는 임시정부의 육군사관학교에 해당하는 것이다. 「임시육군무관학교조례」에 따르면 입학자격은 중등 이상 학력의 만 20세 이상의 남자였다. 6개월의 수료기간 동안 학도들은 육군예식, 보병조전, 사행교범, 체조교범, 지리, 지형학, 축성학, 병기학, 전술학, 군제학 등을 배웠다.

意義깁흔 ○○○○第一回卒業式

大任을負하고立하는 十九의勇士

「獨立門의自由鐘을울닐때까지싸호려나가세」

臨時政府는成立以來獨立運動進行方針으로力을軍事方面에注重하야民國二年初에○○○○을設하고一面으로各地에國民軍을編製케하야斯方面人物의養成과軍事知識의普及과國民皆兵의實을擧하기에努力하던바今에○○○○은旣定의計劃대로六個月의業을畢하고去五月八日午後四時○○居留民團內에서第一回卒業式을擧行하다

莊重한式

政府의首腦諸位以下 땀을뿌리며모여오는 多數의來賓

當日式場인民團事務室은門口에太極旗를交立하고場內는萬國旗로飾하고正面에大本太極旗를掛하다 多數의來賓은이意義깁흔式을보려고땀을뿌리며모여오고國務總理以下李內務總長、申法務總長、安總辦도席에着하다午後四時에校長金義善氏司會로開會하고一同이國旗를向하야最敬禮를하고愛國歌를合唱하다金校長이式辭를述하야

臨時政府일홈아래서처음으로本校가設立될적에本來아모預算이업섯소、그러나多幸히各方面의援助를바다서無事이所定한期間대로業을맛치고오늘이자리에서卒業式을擧行하게됨은甚히깃분일이오、이더운데諸位來賓이이와갓치만히와주시니더욱感謝함니다

卒業證書授與

終始刻勤히 業을修한十九人

六個月刻苦精勵한거륵한表績인卒業證書는黃教官의呼名으로張承祚氏로始하야十九人의卒業生에게

임시정부 육군무관학교 제1기생 졸업식을 보도한 독립신문 기사

황학수는 교관으로 무관학교 학도들에 대한 교육과 훈련을 담당했다. 무관학교의 교육이나 운영에 대한 것도 거의 알려져 있지 않다. 제1기생을 배출한 후, 육군무관학교는 1920년 6월부터 제2기생의 교육과 훈련을 시작했다. 제2기생이 훈련을 받고 있을 때, 무관학교에 불미스런 사건이 일어났다. 이유나 과정은 알 수 없지만, 교장 김희선이 변절해 일제에 투항한 것이다. 김희선의 변절은 엄청난 충격이 아닐 수 없었다. 그의 직책은 군무부 차장이지만, 사실상 임시정부의 군사총책임자나 다름없는 인물이었다. 때문에 그가 교장을 맡고 있던 무관학교도 커다란 타격을 받지 않을 수 없었다.

이를 계기로 무관학교는 도인권과 황학수가 각각 교장과 교관을 맡아 끌어가게 되었다. 그러나 무관학교의 운영은 제대로 되기가 어려웠다. 무엇보다도 교장의 변절이 가장 큰 원인이었다. 여기에 재정적인 곤란도 겹쳐 있었다.

무관학교는 처음부터 정부의 예산으로 운영된 것 같지 않다. 제1기생 졸업식에서 교장이 "본교가 처음 설립될 적에 아무 예산도 없었소. 그러나 다행히 각 방면으로 원조를 받아서 무사히 소정한 기간대로 업을 마치고 졸업식을 거행하게 되었다"고 한 말로 짐작할 수 있다. 정부의 예산이 아닌, 오로지 원조에 의지해 무관학교를 끌어온 것이었다. 그런데 이러한 원조마저도 교장의 변절과 투항으로 인해 중단되고 만 것이다.

어려운 여건이었지만, 황학수는 제2기생의 훈련을 이끌어 갔다. 6개월의 훈련과정을 거쳐 1920년 12월 24명의 졸업생을 배출시켰다. 이어 제3기생이 입교해 훈련에 들어갔다. 그러나 제3기생이 입교한 후 무관학교는 운영난을 이기지 못하고 중도에 폐교되고 말았다. 임시정부도 이를 해결할 방안을 찾지 못했다. 상해에서 군사간부를 양성하는 일이 더 이상 어렵게 되자, 황학수는 애당초 계획한 대로 만주로 가기로 결심한다.

국내조사원, 임시의정원 의원으로 활약하다

만주로 향한 황학수의 발걸음을 따라가기 전에 한 가지 더 살펴보고 가자. 황학수는 임시정부의 군무부와 육군무관학교뿐 아니라 임시정부의 국내조사원과 임시의정원 의원으로도 활동했다.

임시정부는 국내와 멀리 떨어져 있던 터라 수립 직후부터 이를 극복하고, 국내의 국민들과 유기적인 연계를 맺기 위한 방안을 강구했다. 그 방안으로 마련한 것이 연통제와 교통국이었다. 연통제는 국내에 행정조직망을 설치해 정부와 국민들과의 긴밀한 관계를 유지하려 한 것이고, 교통국은 국내와의 통신 연락을 위해 설치한 기구였다. 이외에 국내의 실정을 파악하고자 마련한 것이 국내조사원이었다.

임시정부가 정부로서 역할하기 위해서는 국민들의 실상을 파악하는 것이 필요했다. 상해에 소재하고 있으면서 국내의 실정을 파악할 수 있던 가장 기초적인 방법은 국내에서 들어온 사람들을 통해서였다. 상해에는 3·1운동 이후 다양한 분야의 수많은 인사들이 모여들었고, 그 숫자가 1,570여 명에 이르렀다고 한다. 이들이야말로 국내에 대한 최신 정보를 갖고 있는 사람들이었다.

국내조사원은 상해에 도착한 인사들을 각자의 출신지역 조사원으로 임명하고, 이들로 하여금 각 지방의 유력자·재산가·학교 및 종교 실태 등을 조사해 보고하도록 한 제도였다. 임시정부 내무부에서는 1919년 11월 상해에 있는 인사들을 대상으로 국내조사원 명단을 작성했다. 조사원은 각 군 단위로 임명되었고, 적게는 한 명에서 많게는 네 명이었다.

국내조사원 명단에 황학수의 이름도 보인다. 황학수는 충청북도 제천군의 조사원이었다. 시간상 국내조사원 제도는 황학수가 상해에 도착한 직후에 마련되었고, 그는 상해에 도착하자마자 조사원에 임명된 것으로 보인다.

황학수는 임시의정원 의원으로도 활약했다. 임시의정원은 임시정부의 입법기관으로서, 요즈음의 국회와 같은 것이다. 의정원 의원은 지방인구 30만 명에 1인을 기본으로 하고, 경기·충청·경상·전라·함경·평안도와 중령·아령에서 각각 6명을, 황해·강원도·미주

附表第一

議員一覽表　(二年一月二十日現在)

趙琬九	京畿道選出	吳義善	京畿道選出	崔謹愚	京畿道選出
呂運亨	京畿道選出	張　鵬	京畿道選出	兪政根	忠淸道選出
李奎甲	忠淸道選出	李丁奎	忠淸道選出	趙東祜	忠淸道選出
柳興湜	忠淸道選出	黃學秀	忠淸道選出	白南奎	慶尙道選出
金正默	慶尙道選出	柳璟煥	慶尙道選出	金　甲	慶尙道選出
羅容均	全羅道選出	金仁全	全羅道選出	李駿駐	江原道選出
金振宇	江原道選出	朴健秉	江原道選出	金錫璜	黃海道選出
金泰淵	黃海道選出	徐丙浩	黃海道選出	金秉祚	平安道選出
孫貞道	平安道選出	李元益	平安道選出	高一淸	平安道選出
金弘叙	平安道選出	李春塾	咸鏡道選出	金聲根	咸鏡道選出
鄭仁果	美領僑民選出	黃鎭南	美領僑民選出	劉禮均	中領僑民選出
桂奉瑀	中領僑民選出				

大韓民國臨時議政院紀事錄　附表第

대한민국임시의정원 기사록에 보이는 의원 일람표. 충청도 의원으로 선출된 황학수의 이름이 보인다.

지역에서는 각각 3명씩을 선출하도록 되어 있었다. 이렇게 모두 57명의 의원을 선출하고, 이들이 각 지방을 대표해 의정원을 구성한 것이다.

황학수는 충청도 의원에 선출되었다. 그가 의정원 의원으로 선출된 경위나 일자는 분명하지 않지만, 1920년 1월 20일 현재 의정원 의원 명단에 유정근·이규갑·이정규·조동호·유흥식과 함께 충청도 의원으로 올라 있다. 의정원은 매년 2월에 정기의회를 개최하도록 되어 있었다. 정기의회를 앞두고 의정원 의원에 대한 선출이 이루어졌고, 이때 황학수는 충청도 의원으로 선출되었던 것 같다.

황학수는 의정원 의원으로 활동하면서도 군사관계를 담당했다. 의정원에는 각 위원회와 분과가 설치되어 있었는데 그중 군무와 관련된 제4과에 배속되어 있었다. 그러나 의정원 의원으로서의 활동에 대해서는 거의 알려진 바가 없다. 의정원 회의록에서도 그가 발언한 내용이나 활동과 관련한 사항을 찾아보기 어렵다. 의원직 생활도 짧았다. 이유는 알 수 없지만, 황학수는 1920년 3월 8일 의원직을 사면했다.

황학수는 상해로 망명한 후 국내조사원과 의정원 의원으로 선출되었지만, 주로 군무부와 육군무관학교에서 활동했다. 그의 성격에는 정치적인 것보다는 군인으로서의 활동이 더 적합했던 것 같다. 그는 애당초 국외로 망명할 때 만주로 가 독립군을 양성할 생각이었고, 상해에 있으면서도 이에 대한 꿈을 떨쳐버리지 못하고 있었다. 무관학교 동기생인 김학소를 찾아가 그와 함께 활동하고자 하는 생각을 내내 갖고 있었던 것이다.

황학수는 상해에 있으면서, 만주에 있는 김학소의 소재를 수소문하고 있었다. 이 무렵 김학소는 백두산 서쪽 무송현에서 흥업단을 조직하고 부단장으로 활동하다가 북간도의 북로군정서에 합류해 활동하고 있었다. 마침내 황학수는 김학소와 연락이 닿았다. 김학소가 있는 곳을 알게 되자, 그는 임시정부의 모든 직책을 사퇴하고, 곧바로 만주로 향했다.

북경에서 군사통일회의에 참가하다

황학수는 곧바로 김학소를 찾아가지 못했다. 그가 상해의 임시정부를 떠나 북경에 이르렀을 때, 마침 그곳에서는 각 지역 독립군단이 모여 통일을 모색하기 위한 군사통일회의를 추진하고 있었다. 이 군사통일회의가 그의 발길을 멈추게 한 것이다.

군사통일회의는 임시정부의 독립운동 노선에 반대한 세력들이 주도하고 있었다. 1919년 9월 통합정부가 수립된 후 상해에는 임시정부 노선을 비판하는 세력들이 형성되기 시작했다. 위임통치를 청원한 이승만을 대통령에 선출한 것이 주된 이유였다. 이를 주도한 것은 신채호였고, 그는 《신대한新大韓》이란 잡지를 발행해 이승만의 위임통치론을 논박하면서, 동시에 임시정부의 노선을 비판하기 시작한 것이다.

상해와 북경을 중심으로 이에 동조하는 세력들이 형성되어 갔다. 상해에서는 신대한동맹단이 결성되어 반反임시정부 세력을 이루었고, 북경에서는 박은식·김창숙 등의 동조하에 신숙·박용만을 핵심으로 한 반대 세력이 확대되고 있었다. 그러다가 1920년 초 신채호가 북경으로 옮겨오면서, 북경이 반임시정부 세력의 중심지가 되었다. 이들이 임시정부의 외교노선을 반대하면서, 군사통일회의를 주도한 것이다.

임시정부에 반대한 세력들이 북경에 집결하게 되면서, 이들의 주도하에 독립군 단체들의 통일을 추진하려는 시도가 전개되었다. 1920년 9월 박용만·신숙·신채호 등은 군사통일촉성회를 발족했다. 봉오동전투의 소식을 접하고 각 지역 독립군 단체들의 통일을 추진한 것이다. 봉오동전투는,잘 알려져 있듯이, 1920년 6월 북간도지역에서 활동하고 있던 홍범도의 대한독립군과 최진동의 군무도독부가 두만강을 건너 온 일본군을 봉오동 골짜기로 유인해 대파시킨 전투였고, 독립군이 일본군과 대접전을 벌여 승리를 거둔 최초의 전투이기도 했다.

군사통일촉성회는 배달무와 남공선을 각각 남북만주로 파견, 독

만주독립군(김좌진 예하 장병들)

립군 단체 대표들의 회합을 준비하고자 했다. 그러나 10월에 독립군을 토벌하기 위해 만주에 침입한 일본군과 독립군 사이에 청산리대첩이 벌어졌고, 이후 독립군들은 노령으로 이동해 갔다. 이로써 독립군단체들을 통일하려는 노력은 잠시 소강상태에 빠지게 되었다.

1921년에 들어서면서 이러한 노력이 다시 재개되었다. 청산리대첩 이후 대부분의 독립군들이 노령으로 이동하면서, 또 만주를 침입한 일본군들이 한인을 학살한 '경신참변'을 겪게 되면서, 분산되고 약화된 독립군과 그 단체들을 통일해야 한다는 필요성이 대두된 것이다. 이외에 정치적인 의도도 작용했다. 임시정부 대통령 이승만이 1920년 12월 상해에 부임해 활동하기 시작한 것이다. 이러한 요인들을 계기로 군사통일회의 소집 문제가 급진전되어갔다. 그 결과 1921년 4월 17일 국내외 10개 단체의 대표 17명이 참석한 가운데 군사통일주비회가 소집되었고, 이어 회의의 명칭을 군사통일회의라고 결정지었다.

황학수는 이 무렵 북경에 도착했다. 4월 17일 소집된 군사통일주비회에 그의 이름이 나타나 있다. 신숙·신달모와 함께 통일당 대표로 참석한 것이다. 통일당은 신숙이 상해에서 천도교 교인들을 중심으로 결성한 단체다. 아마도 황학수는 상해에 있을 때 통일당에 관여했거나, 아니면 북경에 도착해 통일당 대표로서의 명의를 갖

봉오동전투에서 일본군을 대파한 홍범도 장군

게 된 것이 아닌가 생각된다.

아무튼 황학수는 통일당 대표의 자격으로 군사통일주비회에 참여했다. 회의는 각 단체 대표자의 자격을 심사하는 것으로 시작되었다. 그리고 4월 19일 회의의 명칭을 군사통일회의로 결정하고, 신숙을 의장으로 한 임원진을 선출했다. 이로써 정식으로 군사통일회가 결성되었고, 황학수는 박용만·김세준·성준용·강구우와 함께 군사위원에 선임되었다.

군사통일회의는 연일 회의를 개최하며, 향후 활동과 관련한 여러 가지 사항들을 결정했다. 핵심적인 것은 크게 두 가지였다. 하나는 군사활동을 독립운동의 주요 노선으로 채택했다. 즉 독립운동을 전국민이 일치해 군사행동을 하는 방향으로 이끌어간다는 것이었다.

다른 하나는 상해에 수립된 임시정부와 임시의정원을 부정하고, 1919년 4월 국내에서 국민대회 명의로 발표된 '대조선공화국임시정부'를 계승한 새로운 임시정부를 조직한다는 것이었다. 임시정부에 대한 부정은 이승만의 위임통치청원 문제에서 비롯되었다. 하와이 독립단 대표로 출석한 권성근이 위임통치 기사가 실린 영자신문을 제시했고, 이를 근거로 위임통치청원을 제출한 대통령 이승만에 대한 집중적인 공격을 가하기 시작했다. 4월 19일 54명의 공동명의로 성토문을 발표, 이승만의 위임통치청원을 매국매족 행

경신참변

봉오동전투와 청산리대첩 등에서 큰 참패를 당한 일본군은 독립군 수색에 성과가 없자, 간도지역으로 발을 돌려 이른바 '한인 사냥'에 나선다. 일본군은 독립군단의 기지이자 재만 한인이 많이 살고 있는 훈춘·왕청·연길·유하 등지를 누비고 다니면서 한인을 대상으로 살상·방화·강간을 서슴치 않고 자행했다. 화룡현 장암동서는 28명의 한인을 일렬로 세워놓고 마치 사격연습하듯 총을 쏘아댔다. 이같은 만행은 1920년 10월에서 1921년 4월까지 계속되었다. 다음은 1920년 10월에서 11월 말까지(약 2달 동안) 일본군이 자행한 한국인의 피해 상황이다.

	인명피해			재산피해			
피해지명	피살 인원	체포 인원	부녀 강간	가옥 손실	학교 손실	교회 손실	양곡 손실
훈춘현	249			457	2		9,825석
왕청현	336	3		1,046	4	2	5,070석
화룡현 (청산리)	670 (409)	1		362 (120전소)	15 (1)	2	8,320석 (3760석)
연길현	1,578	42	71	1,422	20	9	30,050석
유하현	43	125					
홍경현	305					3	
관전현	405			1			150석
영안현	17						
합계	3,693		71	3,288	41	16	53,415석

위로 규정한 것이다.

이승만에 대한 성토는 여기에서 그치지 않았다. 정식으로 군사통일회의가 결성된 후, 또다시 성토문을 작성해 발표했다. 1921년 5월 군사통일회의에 참가한 단체 및 대표들 전원이 서명한 가운데 대조선공화국군사통일회의 명의로 「대미위임통치청원에 대하야 이승만 등을 성토 일반국민에게 경警홈」이란 성토문을 발표한 것이다. 황학수도 통일당의 대표로 이 성토문에 서명했다.

군사통일회의는 4월 23일 회의에서 임시정부 및 임시의정원을 불승인하기로 결정했다. 그리고 27일에는 상해에 대표를 파견해 임시정부와 의정원을 불신임한다는 결의를 전달하는 한편, 3일 이내에 해체하라는 최후통첩을 전한 것이다. 군사통일회의는 상해에 수립된 임시정부를 완전히 해체하고, 국내에서 국민대회 명의로 선포된 '대조선공화국'을 건설한다는 방안을 갖고 있었다.

군사통일회의의 이러한 결의와 주장은 독립운동계에 커다란 파문을 일으켰고, 적지 않은 반발에 부딪혔다. 우선 임시정부가 크게 반발했다. 임시정부에서는 군사통일회의를 규탄함과 동시에 각 단체의 경계를 촉구하는 내무부령 제121호를 공포했다. 각지에서도 이에 반발하는 움직임이 일어났다. 특히 군사통일회의 근거지나 다름없던 천진지역의 동포들이 민중대회를 개최하고 군사통일회의 주동자들을 '국적'·'야욕한'으로 규정, 국민이 일치단결해 이

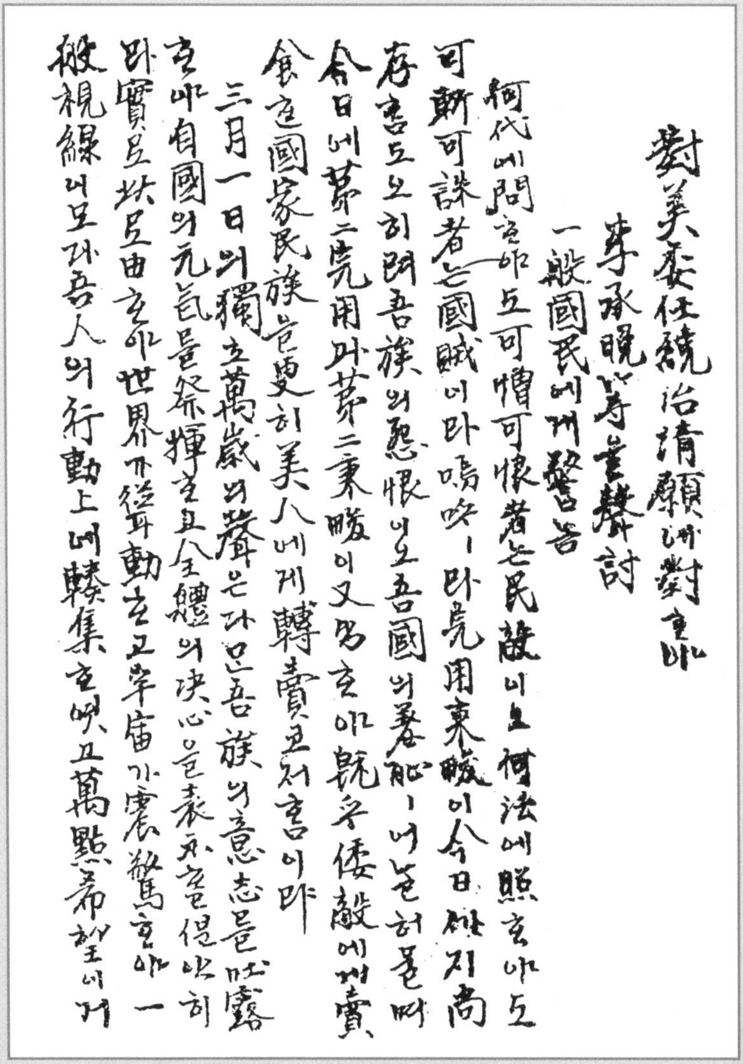

對美委任統治請願에對하야
李承晩等을聲討
一般國民에게警告

何代에問하야도可憎可恨者는民敵이오何法에照하야도
可斬可誅者는國賊이라嗚呼ㅣ라李承晩鄭漢卿이今日까지尚
存함도오히려吾族의恥恨이오吾國의羞恥ㅣ어늘하물며
今日에第二李承晩과第二鄭漢卿이又出하야旣亡倭敵에게賣
食한國家民族을更히美人에게轉賣코저함이라
三月一日의獨立萬歲의聲은다만吾族의意志를吐露
하야自國의光榮을發揮코且全體의決心을表示할뿐아니
라實로此로由하야世界가從하야動하고宇宙가震驚하야一
般視線이모다吾人의行動上에輳集하엿고萬點希望이거

군사통일회에서 발표한 이승만에 대한 성토문

들을 토벌하자고 나선 것이다. 임시정부를 비롯한 동포사회의 발발과 비난이 거세지면서, 군사통일회의 주장이나 활동은 점차 약화되어갔다.

황학수는 처음부터 군사통일회의에 관여하고 있었지만, 강경노선은 아니었던 것 같다. 여러 차례 계속된 회의과정에서 그의 역할이나 주장은 거의 찾아볼 수 없다. 황학수는 만주로 향하던 중 북경에서 독립군 단체들을 하나도 빠짐없이 소집한다는 이야기를 듣고, 이에 참여한 것으로 보인다. 그렇지만 그는 군사통일회의가 진행되는 과정에서 주도적인 역할을 담당할 입장이 되지 못했고, 또 군사통일회의 활동에 대해 나름대로의 불만을 갖고 있었던 듯하다. 그는 군사통일회의가 유회되면서, 발길을 다시 만주로 향했다.

서로군정서의 재건

김학소를 찾아 만주로

황학수는 북경을 떠나 다시 만주로 향했다. 그러나 이 무렵 김학소는 만주에 있지 않았다. 노령의 자유시라는 곳으로 이동해 있었다. 원래 김학소의 활동근거지는 무송현이었다. 무송현을 중심으로 흥업단이란 독립군 단체를 조직해 활동하고 있었던 것이다. 상해에서 연락이 닿았을 때만 해도 김학소는 무송현에 있었고, 황학수는 이를 목적지로 삼아 출발했다.

그러나 그가 북경에 머무르고 있는 동안 상황은 크게 변했다. 청산리대첩 이후 만주지역에서 활동하고 있던 독립군부대들이 노령으로 이동한 것이다. 1920년 10월 청산리일대에서 일본군을 크게 무찔러 대승을 거둔 후, 독립군부대들은 대부분 노령으로 이동했다. 장기적인 군사항전을 준비하기 위해서였다. 김학소의 흥업단도 안도현에서 이청천·홍범도부대와 함께 노령으로 넘어갔다.

황학수는 독립군들이 노령으로 이동한다는 사실을 알고 있었다.

독립군단의 통일을 추진하기 위한 군사통일회의에 관여하면서 만주지역 독립군부대들의 움직임을 모를 리가 없었다. 그러나 김학소가 노령으로 이동한다는 사실까지는 알지 못했던 것 같다. 김학소로부터 아무런 연락을 받지 못한 채, 북경을 출발한 것이다.

김학소를 찾아가는 것이 목적이었지만, 그의 발걸음은 또다시 중도에서 멈추고 말았다. 길림성 화전현을 지나던 중, 그곳에 이상룡이 머물고 있다는 사실을 알게 된 것이다. 경북 안동 출신인 이상룡은 서간도지역 독립운동의 대표적인 지도자였다. 이회영 형제들과 더불어 유하현 삼원포에 독립운동기지를 개척해 서간도 독립운동의 기초를 마련했고, 당시에는 서로군정서 독판을 맡고 있었다. 이러한 이상룡이 청산리대첩 이후 '경신참변' 이 일어나자 이를 피해 화전현에 머물고 있었던 것이다.

황학수는 이상룡에게서 김학소에 대한 소식을 비롯해 여러 이야기를 들었다. 김학소는 청산리대첩 직후 안도현에서 홍범도의 대한독립군. 이청천의 서로군정서를 만나 세 부대를 통합, 통합한 부대의 이름은 대한의용군이었고, 홍범도가 사령관, 이청천이 부사령관, 김학소는 군사부장을 맡았다는 것이다. 세 부대를 통합한 후 이들은 곧바로 북만주 밀산으로 향했다고 했다.

이들은 밀산에서 여러 독립군 단체들을 만났다. 김좌진를 비롯해 주로 북간도지역에서 활동하던 독립군들이었다. 밀산에 집결한

청산리에서 일본군과 전투하는 독립군들

각 독립군단체들 사이에 또다시 통일이 추진, 서일을 총재로 한 대한독립군단을 편성했다. 만주지역에서 활동하던 독립군 단체들이 대통합을 이룬 것이다. 그리고 '대한독립군단' 이란 이름으로 1920년 정월 초 소련 국경을 넘었다. 김학소도 이들과 함께 자유시로 이동했다는 것이다.

자유시로 이동한 후, 독립군들이 이른바 '흑하사변' 이라고 부르는 자유시참변을 겪었다는 사실도 알게 되었다. 독립군들이 자유시로 이동했을 때 소련은 아직도 혁명 중이었고, 적군과 백군이 곳곳에서 전투를 벌이고 있는 상황이었다. 독립군들은 이러한 소련의 상황과 무관할 수 없었다. 여기에 소련과 일본 간의 관계도 있었고, 상해파와 일크츠크파 공산당 간의 대립과 알력, 그리고 소련내에서 활동하고 있던 한인들 간의 권력 및 세력다툼 등 복잡한 상황에 얽히게 되면서 자유시참변이 일어났다.

1921년 6월 소련의 적군이 자유시에 집결해 있는 독립군들에게 무장해제를 강요했고, 독립군들이 이를 거부하자, 적군은 포위한 상태에서 무차별 사격을 가했다. 이로 인해 수많은 독립군들이 죽임을 당했고, 상당수는 적군에 체포되어 투옥되거나 벌목장으로 끌려갔다. 그리고 살아남은 독립군들은 뿔뿔이 흩어지고 말았다.

자유시참변에 대한 소식은 황학수에게 엄청난 충격이 아닐 수 없었다. 그는 만주에서 독립군을 양성하려는 목적을 가지고 국외로 망명했고, 동기생인 김학소와 함께 그 일을 추진하고자 만주를 찾아온 것이다. 그런데 그동안 만주지역에서 양성된 독립군들이, 더욱이 봉오동·청산리대첩을 거두었던 독립군들이 소련으로 이동했다가 몰살을 당하다시피 했다니, 황학수는 그 사실을 믿기 어려웠다.

황학수는 이상룡을 만난 후, 어쩔 수 없이 만주행을 미뤄야 했다. 김학소의 소재를 알 수 없다는 것이 가장 큰 이유였다. 자유시로 이동했다는 사실은 알고 있었지만, 자유시참변 이후 그가 어디에 있는지를 알지 못했다. 또 이상룡이 함께 일하자며 붙잡은 것도 그가 발걸음을 멈춘 이유였다.

이상룡과 손을 잡고

이상룡은 자신을 찾아 온 황학수를 붙잡았다. 이상룡과 만나는 장면을 황학수는 "김학소에게로 향하는 도중 길림성 화전현에 거주하는 서로군정서 총재 이상룡을 방문하니 크게 기뻐하며 말하기를 이는 하늘이 내려준 인연이라고 하다"라고 써 놓았다.

간단하게 서술했지만, 이상룡이 황학수와의 만남을 크게 반겨했다는 것을 알 수 있다. 이상룡이 그를 반긴 이유는 군사전문가인 황학수를 중심으로 서로군정서를 재건하려는 뜻을 갖고 있었기 때문이다.

당시 서로군정서는 그 조직이 와해되고 세력은 분산되어 있었다. 잘 알려져 있듯이, 서로군정서는 서간도지역의 독립운동을 대표하는, 그리고 신흥무관학교를 기반으로 한 독립군단체였다. 그러나 청산리대첩을 계기로, 사령관 이청천을 비롯한 대원들 대부분이 노령의 자유시로 이동했고, 또 '경신참변' 을 겪으면서 세력이 분산된 것이다.

우선 서로군정서의 무장세력이 대한의용군에 통합되어 대부분 노령의 자유시로 이동했다. 서로군정서의 본부와 간부들도 여러 곳으로 분산되었다. 청산리에서 독립군에게 크게 패배한 일본군은 이에 대한 보복으로 만주일대에 거주하고 있는 한인부락을 찾아다니며 대학살을 자행했다. 무장세력 대부분이 자유시로 이동한 상황에서 서로군정서가 이를 버텨낼 수 없었다. 독판 이상룡과 부독판 여준은 유하현에 있던 서로군정서의 기관을 북만주의 액목현으로 옮겼다. 10여 년간 구축해온 서간도의 근거지를 떠나게 된 것이다.

북만주로 옮겨온 후, 서로군정서는 그 조직을 유지하기조차 어려웠다. 무엇보다도 세력기반이 없었고, 이에 따라 재정적으로도 곤란에 처한 것이다. 간부들도 분산되어 이상룡은 화전현으로 가 거주했고, 부독판 여준은 액목현 한인촌에서 검성중학원을 설치해

청산리 전투 후 일본군에 의해 노획된 독립군 무기들

별도로 교육사업을 전개했다.

그리고 사령관 이청천과 군무부장 양규열을 비롯한 간부들도 노령으로 이동해 있었다. 노령으로 이동하지 않았던 부대원들도 남만주 일대로 흩어지고 말았다. 이로써 서로군정서는 조직과 세력 기반을 상실하게 되었고, 군정부와 독립군단체로서의 기능과 역할을 수행할 수 없는 상황에 처하게 되었다.

이 때 황학수가 이상룡을 찾아간 것이다. 그러니 이상룡이 그를 반갑게 맞이하며 '하늘이 내려준 인연' 이라며 반겼다는 황학수의 서술은 결코 과장된 표현이라고 할 수 없다. 이상룡은 김학소를 찾아간다는 황학수를 서로군정서를 재조직하자며, 군사조직의 총책임자인 참모장을 맡아줄 것을 부탁했다.

황학수는 이상룡의 요청을 받아들였다. 이상룡은 황학수를 데리고 본부가 있는 액목현으로 갔다. 독판 이상룡의 주도로 1921년 5월 서로군정서 중앙총회가 개최되어 위원제를 채택, 간부를 새로 뽑아 조직을 재정비했다. 재건된 결과를 보면, 황학수를 영입한 것 이외에는 기존의 지도자였던 이상룡과 여준이 물러난 대신 이탁·이진산 등이 전면에 나서 행정조직을 이끌게 되었다. 여기에 황학수가 참모장으로 군사부문을 담당하게 되었고, 총사령관 박용만도 황학수가 추천해 선임되었다.

서로군정서 독판 이상룡

서로군정서의 재건에 힘쓰다

서로군정서가 재조직되었지만, 그 기반은 매우 열악한 상태에 있었다. 본부가 있던 액목현은 북만주지역으로, 동만주나 남만주에 비해 한인들 자체가 적었고, 독립운동을 위한 조직들도 많지 않았다. 더욱이 유하현에서 옮겨왔던 관계로 세력이나 활동기반도 거의 없었다. 다시 세력을 확대하고 활동할 수 있는 여건을 마련해

만주의 한국인 마을

야 하는 상황이었다. 재건된 서로군정서를 실질적으로 이끌어간 것은 이탁과 황학수였다. 서로군정서의 체제는 두 역할을 담당하도록 되어 있었는데, 하나는 한인사회를 대표하는 정부로서의 역할이고, 다른 하나는 독립군 단체로서의 역할이었다. 행정과 군사 두 역할을 동시에 수행하는 체제였다고 할 수 있다. 이탁은 행정의 최고 책임자였고, 황학수는 군사의 실질적인 책임자였다.

황학수는 재건 당시 참모장에 선임되었지만, 군무부장도 겸임했다. 중앙총회에서 노령으로 이동한 군무부장 양규열이 귀환할 때까지 군무부장의 직책을 겸임하도록 한 것이다. 황학수는 가장 먼저 군사조직을 재건하는 일을 착수했다. 그가 세운 방법은 크게 네 가지였다. 하나는 관할지역을 돌아다니며 군사강연을 실시한 것이고, 둘째는 관할지역에 있는 한인청년들을 군적에 편입시킨 것이며, 셋째는 노동야학을 실시한 것이었다. 그리고 이러한 기반을 배경으로 별동대를 조직해 한인들을 보호하는 한편, 군사조직을 갖추어 나갔다. 이로써 서로군정서의 활동기반이 마련되고, 군사조직이 정비되었다.

이러한 활동은 무에서 유를 창조한 것과 다름 없었다. 당시 만주지역은 독립군 대부분이 노령으로 이동한 후 공백상태나 다름 없었고, 또 경신참변을 경험한 한인들이 독립운동에 쉽게 참여하려 하지 않았다. 황학수는 직접 한인들 속으로 파고 들어가 그들을 대상으로 군사강연·노동야학 등을 하며, 한인청년들을 군적에 편입시키고 군사조직을 만들어간 것이다.

황학수가 서로군정서의 재건을 위해 힘쓰고 있을 무렵, 남만주지역에서 독립군단체들의 통합운동이 일어났다. 1921년 북경에서 군사통일회의가 무산된 후, 남만지역을 근거로 활동하던 독립군단체들 사이에 통합운동이 추진된 것이다. 이 통합운동은 서로군정서 계열의 김동삼·양규열·김창환 등이 주도했고, 그 결과로 1922년 1월 서로군정서를 비롯한 대한독립단·광한단이 통합을 이루어 대한통군부를 결성했다.

통군부를 결성한 후 남만주지역에서 활동하는 단체들을 하나로 통일하려는 움직임이 또다시 추진되었다. 통군부가 주도한 통일운동에 많은 단체들이 참여했다. 1922년 8월, 통군부·대한광복군영·대한광복군총영·대한정의군영 등 단체의 대표들이 관전현에 모여 통일에 합의, 대한통의부를 결성했다. 이로써 남만주 일대의 독립군 단체들이 하나가 되었다.

그러나 이 상태는 오래가지 못했다. 여러 단체들이 모여 대한통의부를 결성했지만, 조직과 인선에 이견이 따르고 구성원 간에 이념적으로도 현격한 차이가 발생한 것이 그 요인이 되었다. 통의부에 참여한 대부분 단체들은 공화주의 노선을 표방하고 있었다. 그러나 의병장 출신 전덕원이 이끄는 대한독립단은 대한제국의 복구를 주장하는 복벽주의 노선이었다. 결국 이념적 차이를 극복하지 못해, 복벽주의 계열이 통의부를 탈퇴하고 별도로 의군부를 조직한 것이다.

황학수는 이러한 통일운동에 직접 관여하지 않았다. 통군부와 통의부 결성으로 이어지는 통일운동 과정에 그가 참여했다는 내용을 찾아볼 수 없다. 그가 통일운동에 참가하지 않은 것은 두 가지로 생각해 볼 수 있다. 하나는 관할지방에 내려가 활동한 때문이 아닌가 한다. 다른 하나는 통일운동은 본부에 있던 간부들이 주도했고, 황학수는 이들과 의견을 달리했을 가능성도 있다.

황학수가 본부의 간부들과 의견을 달리했을 가능성은 채근식의 서술에서 나타난다. "참모장 황학수도 내부 싸움에 싫증이 나서 취원욱에 있는 한교농촌에 가서 농사를 지었다"는 내용이 그것이다. 구체적인 내용은 알 수 없지만, 통일운동 과정에서 서로군정서 간부들 사이에 의견충돌이 있었던 것 같고, 황학수는 농촌으로 들어가 은거생활을 했던 것 같다.

그러나 이런 생활도 오래가지 못했다. 양규열이 노령에서 돌아와 군사부장에 복직하면서 황학수는 참모장의 직책만 맡고 있었는데, 1923년 중앙총회에서 양규열을 면직시키고 황학수를 다시 군사부장에 임명한 것이다. 그래서 황학수는 다시 서로군정서로 돌아왔다.

서로군정서를 떠나다

황학수가 다시 군사부장에 임명되어 활동하고 있을 무렵, 의외의 사건이 터졌다. 그가 총사령관에 추천했던 박용만이 '일제에 항복' 했다는 보고가 들어왔고, 서로군정서에서는 이를 근거로 박용

박용만

만에게 사형선고를 내린 것이다.

박용만은 일찍이 미주에서 '헤이스팅스소년병학교'를, 또 하와이에서 '대조선독립군단'을 조직해 활동한 인물이었다. 1919년 4월 상해에서 수립된 임시정부의 외무총장으로 선출되었지만, 군사활동을 위해 이에 취임하지 않았다. 그리고 북경으로 옮겨와 군사통일회의를 주도했고, 황학수는 군사통일회의에 참여하면서 박용만을 만났다.

황학수가 박용만을 서로군정서의 총사령관으로 추천한 것은 그의 경력과 군사활동에 대한 적극성 때문이었다. 그리고 이상룡이 북경에 왔을 때 박용만을 만난 것도 작용했다. 황학수가 추천하자 중앙총회에서는 아무런 이견 없이 박용만을 총사령관에 선임했다. 그러나 박용만은 총사령관에 부임하지 않았다. 군자금을 마련해가지고 부임한다는 것이 그 이유였다. 그런데 박용만이 일제에 항복했다는 보고가 들어온 것이다.

박용만은 군사통일회의가 무산된 후, 군사활동을 위한 여러 가지 방법들을 강구하고 있었다. 중국 오페이푸(오패부)의 군대를 도와 만주의 군벌인 장쭤린(장작림)을 몰아내고, 오페이푸 군대의 힘을 빌려 독립의 목적을 달성한다는 것도 그 하나였다. 이를 위해 박용만은 1923년 5월 오페이푸의 참모장을 역임한 산동성장 웅병기와 만나 이에 대한 계획을 논의한 적도 있었다.

또 중국의 군벌인 펑위샹(풍옥상)과도 연계를 맺었다. 박용만은 펑위샹에게 일본군의 세력이 미치지 않는 내몽고에 근거지를 마련하고 둔전병을 양성한다는 계획을 제의, 이 사업을 추진하기 위해 1924년 펑위샹의 사절단의 일원으로 서울에 들어온 일이 있었다. 이후 박용만이 일제와 타협해 변절했다는 소문이 자자했다.

이런 소문이 국경지방을 조사하던 대원들에 의해 수집 보고된 것이다. 보고를 접한 서로군정서는 두 가지 조처를 취했다. 하나는 제반 비밀이 폭로될 것을 염려해 본부를 비롯한 여러 기관과 시설들을 이전했다. 그리고 박용만에 대한 문제를 협의, 그에게 사형선고를 내렸다.

박용만 문제로 인해 황학수는 곤경에 처하게 되었다. 그가 박용만을 추천했다는 사실이 알려지면서 의심의 눈초리를 받게 된 것이다. 뿐만 아니라 그는 박용만과의 내응 여부 문제를 두고 조사까지 받았다. 이 과정에서 황학수는 "박용만의 사정을 확실히 알지도 못하고 사형선고까지 하니, 만약에 이것이 일본군의 모략이라면 어찌하느냐, 아무리 보고가 있더라도 좀더 신중히 조사한 후 처리할 필요가 있지 않느냐"고 신중히 처리할 것을 당부하기도 했다. 그러나 박용만의 문제는 간단하게 해결할 사안이 아니었다. 더욱이 추천자라는 이유로 의심과 오해를 받기도 했으니 그대로 머물러 있기가 어려웠다. 또 추천자로서 책임도 있고 해서 결국 그는 군사부장직을 사퇴하고 서로군정서를 떠났다.

황학수는 북만으로 향했다. 김학소를 찾아가던 발걸음을 다시 내딛은 것이다. 그러나 김학소가 어디에 있는지도 알지 못했다. 뚜렷한 목적지도 없이 무작정 북만으로 향하는 그의 길은 방랑이나 다름없었다. 북만으로 가는 길은 험했고, 소문은 빨랐다. 박용만에 대한 서로군정서의 처분이 이미 북만 일대에도 알려져 있었다.

도중에 어려운 고비도 많이 겪었다. 액목현을 지나다가 마적단에게 끌려간 일도 있었다. 자신은 한국인 독립운동가로 북만에 있는 동지를 찾아가는 길이라고 했지만, 믿어주지 않았다. 그래도 살아날 길은 있었다. 마적단 중 한 사람이 그를 알아본 것이다. 서로군정서에 체포된 적이 있던 사람이었다. 황학수가 군사부장으로 있을 때 대원들이 체포해 온 마적단을 살려 보낸 일이 있었는데 바로 그 사람이었고, 그 덕분에 위험을 모면할 수 있었다.

신민부에서 김학소·김좌진과 함께

고대하던 김학소와의 재회

북만으로 향하던 황학수의 발걸음이 다시 멈추었다. 액목현의 무치하란 곳이었다. 액목현을 지나다가 이곳에서 활동하고 있는 최남표를 방문했다. 최남표가 어떤 인물인지는 정확히 확인되지 않지만, 황학수의 회고록에 따르면 무치하에서 농지를 개척하며 독자적으로 활동하고 있던 인물이었다. 무치하는 몇 년 전부터 한인들이 이주해 개척한 새로운 한인촌이었고, 최남표는 이 지역 한인들의 지도자였다.

황학수가 방문했을 때, 최남표를 비롯한 무치하의 한인들이 당면한 문제가 있었다. 남만주에서 결성된 통의부가 이곳에 세력을 확대하려 한 것이다. 그동안 독자적으로 활동했던 무치하의 한인들은 이에 반대했고, 이로 인해 통의부의 군인과 무치하의 청년들이 대치하고 있는 상황이었다. 최남표는 황학수에게 이에 대한 자문과 해결방안을 물었다. 그는 "피차가 국권회복하자는 광복사업인데 다소의 물질과 권리 관계로 인하여 포화상견砲火相見하는 것은 의리義理에 부당하니 무조건하고 통의부에 복종해야 한다"고 하였다. 최남표는 이런 황학수의 의견을 받아들였다. 자칫 독립운동의 세력 확대를 둘러싸고 벌어질 한인들 간의 무력충돌을 막은 것이다.

최남표는 황학수를 붙잡고 이곳에 머물며 청년들에게 군사훈련을 시켜달라고 요청했다. 황학수는 이를 물리치지 못하고, 그의 발걸음은 또다시 무치하에서 멈추게 되었다. 이후 황학수는 무치하에 머물며, 이곳의 청년들을 대상으로 군사강습을 실시했다.

김학소와 연락이 닿은 것이 이 무렵이었다. 무치하에서 군사강습을 실시하면서도 그는 계속 김학소의 소재지를 수소문하고 있었다. 그러다가 마침내 김학소가 자유시참변을 겪은 후 북만으로 귀환해 활동하고 있다는 사실을 알게 되었다. 노령에서 돌아온 김학소는 일본군의 간도 침입과 경신참변으로 붕괴된 북만지역의 독립운동 기반을 재건하면서, 지도자로 활동하고 있었다.

김학소가 활동한 곳은 북만의 영안현 일대였다. 그는 노령에서 함께 돌아온 독립군들을 중심으로 각지에 흩어져 있던 독립군 세력을 규합해, 1924년 3월 현천묵·조성환 등과 함께 옛 북로군정서 세력을 중심으로 대한군정서를 재조직했다.

그리고 이를 기반으로 북만주지역에서 활동하고 있던 독립군 단체와의 통합을 추진했다. 그 결과 1925년 3월 영안현 영고탑에서 대한군정서·대한독립군단을 비롯한 독립군단체들이 통합해 신민부를 결성했다. '신민부' 는 하얼빈 이남과 북간도 전지역을 관할구역으로 한 북만주의 대표적 독립운동단체였고, 그 중앙집행위원장이 김학소였다.

신민부가 결성되면서, 만주지역에 삼부가 성립되었다. 1923년 8월에는 집안현과 관전현 일대의 압록강 대안을 관할구역으로 한 참의부가 성립되었고, 1924년 12월에는 봉천성과 길림성에 걸치는 하얼빈 이남의 흥경현과 통화현을 세력범위로 한 정의부가 성립되었다. 곧 이어 1925년 3월 신민부가 결성된 것이다. 이로써 만주지역이 참의부·정의부·신민부를 중심으로 한 세력 범위로 분할되었다.

김학소에게서 서신을 받은 것은 1925년 말경이었다. 당시 김학소는 신민부를 조직하고 중앙집행위원장으로 활동하고 있었다. 김학소의 편지를 받은 황학수는, 곧바로 무치하를 출발했다. 그러나 그의 발길은 액목현 황지강자에서 지체되었다. 서로군정서의 부독판을 지낸 여준이 그곳에서 검성학원을 설립 운영하고 있었다. 그는 지나는 길에 인사차 여준을 방문했는데, 여준은 무치하에서 활동한 이야기를 들었다며 황학수에게 검성학원에서도 군사강습을 해줄 것을 간곡하게 부탁했다. 황학수는 이를 뿌리치지 못했다. 그리고 몇 달 동안 황지강자에 머물며, 검성학원에서 군사강습을 했다.

황학수는 다시 출발했지만, 갈 길은 멀었다. 그는 흑룡강 연안으로 돌아가는 길을 택했다. 흑룡강 연안을 돌면서 그는 발해국 후예들의 모습을 볼 수 있었다. "발해국이 망한 후로 중국인이 다수 입주해 원주민을 대부분 학살 학대함으로 대개 무인지대로 피해 지금까지 천막생활로써 금수어류를 생식하는 야만인으로 전락했음을 볼때 여간 한심치 않더라"는 것이 그가 본 발해국 후예들의 모습이었다.

이후에도 그는 여러 곳에서 발해의 옛 흔적을 보았고, 그 소회를 회고록에 적어 놓았다. 신민부에서 활동할 때의 일이었다. 황학수는 장백산 서쪽에 있는 북대영에 갔다가 발해의 국왕이 7천명의 군사를 거느리고 체류할 때 사용했던 큰 솥을 보았다. 전해오는 이야기에 의하면, 한번 밥을 지어 7천명의 병사가 포식을 했다고 한다. 그러나 솥은 땅 속에 묻혀 있고, 솥 가운데로 5그루의 고목만 서 있을 뿐이었다. 그는 발해 후예들의 비참한 생활과, 또 그 유적들이 그대로 방치된 것을 보며 마음 아파했다. 아마도 이것이 황학수로 하여금 온갖 어려움을 극복하면서 독립운동에 매진하게 한 원천이 아니었을까.

황학수가 돌고 돌아 가까스로 김학소를 만난 것은 1926년이었다. 액목현 황지강자를 출발해 흑룡강 연안을 돌아, 그는 이도하자에 도착했다. 중동선 일대를 중심으로 활동하고 있던 신민부는 그

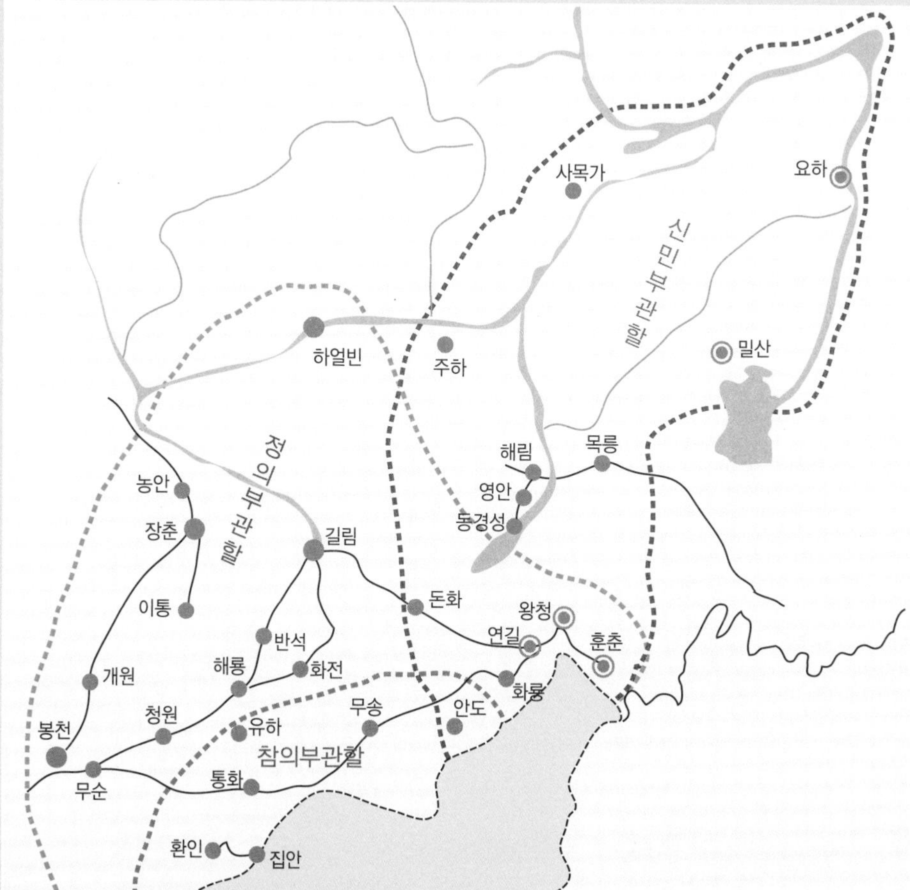

정의부, 참의부, 신민부의 관할지역

본부를 이도하자에 두고 있었다. 중앙집행위원장 김학소와 군사부장 김좌진이 그곳에 있었고, 황학수는 마침내 김학소와 재회하게 되었다.

김학소를 만나면서, 길고도 먼 황학수의 여정이 끝났다. 1919년 3·1운동 직후 그는 김학소를 찾아가 함께 독립군을 양성하겠다는 뜻을 품고 국내를 출발했다. 압록강을 건너 안동을 거쳐 상해로, 다시 북경을 거쳐 서간도로, 그리고 액목현의 무치하와 황지강자를 거치는 장장 7년여의 대장정이 아닐 수 없었다. 김학소를 만나면서 황학수의 꿈은 이루어졌다. 그리고 그는 비로소 자신이 활동할 곳을 찾게 되었다.

군구를 개척하며

김학소를 만난 황학수는 신민부에 참여해 활동하게 되었다. 신민부는 남만주지역의 참의부·정의부와 더불어 만주지역을 대표하는 독립운동단체였다. 활동범위는 북만주와 동만주 일대에 걸쳐 있었는데 동쪽으로는 흑룡강, 서쪽으로는 백두산, 남쪽은 구참, 북쪽으로는 하얼빈에 이르는 지역을 관할구역으로 하고 있었다.

신민부는 북만주와 동만주 일대에 거주한 한인들의 대표기구로서 독립운동을 이끌어간 최고기구였다. 중앙집행위원장을 최고책

新民府本部襲擊

金爀等逮捕經路

秘密發露는府員被捉

북만주석두하에서잡혀신의주로
호송된김혁등톄포경로는어떤가

북만주길림에 근거를둔신민부(新民府)의집행위원장 김혁(金爀)([illegible])과동경리부장인려정근(呂政根)([illegible])이외몃사람이 지난유월구일경에중국중동선석두하(中國中東線石頭河)에서피포되어 길림일본령사관경찰서의취됴를밧다가 지난십일에신의주(新義州)경찰서로호송되엇다함은 긔보와갓거니와 이제 그들이톄포되어 신의주경찰서에까지오게된전말을탐문한바에의하면 다음과갓더라

府員의逮捕로 發覺된根據地

신민부라하면정의부(正義府)와 청집이가튼 단톄로 ○○운동에 노력하는것은 세상이 다아는바이어니와 이러한관계상 그들의 근거디는 항상비밀에부처 단원이외에는 아는사람이업고 또는 오랫동안 일뎡한곳에 두는법이업시 시세와형편을딸하 귀신도 모르게 장소를박구는까닭에 오늘날까지 본부를 습격당한일이 업섯든것이다 수만흔무장 단원을통솔하고 김혁(金爀)을 위원장으로하야 정연한 부서를치리고 각디에서 거침업시활

1928년 김학소(김혁)가 일제에 피체됐음을 알리는 동아일보의 기사와 그의 사진

임자로 하여, 자치행정을 담당한 기구(민사부, 외교부, 법무부 등)와 군사활동을 담당한 기구(군사부, 참모부)가 핵심 부서였다.

황학수가 도착한 지 얼마 후 신민부에서는 그를 참모부 위원장에 임명했다. 군사활동 부서에 배치되었는데 그는 이미 서로군정서를 재건, 참모장과 군사부장을 맡아 그 직책을 수행한 경험이 있

신민부가 활동하였던 석두하자 마을

으며 상당한 성과를 거두기도 했다. 황학수는 이런 경험을 바탕으로 신민부의 군구를 조직 확대해 나갔다.

신민부는 관할구역에 자치제를 실시하는 한편, 각 지역을 군구로 편제해서 세력을 확대하고 있었다. 군구는 군사행정의 기본 단위로 각 군구내에 17세 이상 40세 미만 장정의 군적을 작성, 이를 기초로 독립군의 기본대오를 편성하고, 이들을 평상시에는 농업에 종사케 하다가 유사시에는 정규군에 편입시키는 방식으로 일종의 둔전제였다. 황학수는 관할구역 각지를 돌며 군구를 개척하고 확대해 나갔다.

이 중 돈화지역을 개척한 것은 커다란 성과였다. 돈화는 동만지역에 위치했는데, 동만의 여러 곳에는 일본영사관이 설치되어 있었다. 특히 돈화의 화발령에서 두만강에 이르는 지역은 완전히 일본의 세력범위에 들어 있었다.

그래서 돈화지역에는 신민부의 조직이나 영향력이 미치지 못했다. 황학수가 이 지역을 개척하고자 한 것은 자유시참변을 겪고 돌아온 독립군 출신들 중에 적지 않은 이들이 돈화에서 농사를 짓고 있었기 때문이었다.

황학수가 돈화지역을 개척하고자 할 때, 많은 이들이 반대했는데 아직은 시기상조이며 또 일본의 세력범위인지라 위험하다는 것이 그 이유였다. 그는 안전지대에서만 활동하는 것이 독립운동의 본의가 아니라며 자신의 뜻을 굽히지 않았다. 그러면서 1927년 별동대원 30여 명을 데리고 돈화의 농촌지역에 들어가 그곳에서 농사를 짓고 있던 독립군 출신들을 만나, 신민부의 조직과 군구제도를 설명하고 군적에 편입시키는 일을 추진해 나갔다. 그러나 어려움이 적지 않았다. 무엇보다도 이들은 중국 관헌에 발각될 경우 곧바로 일본영사관에 넘어가게 된다며 중국 측의 협조가 있지 않으면 불가능하다는 반응이었다.

황학수는 먼저 중국 측과 교섭할 문제라고 판단해서 동만지역 최고책임자인 왕덕상과 교섭을 벌였다. 우선 서신을 보내 신민부가 돈화지역에서 군사활동을 할 수 있도록 요청했다. 그러나 왕덕상의 대답은 부정적이었다. 자신은 도와주고 싶으나, 관할구역에 "일본 경찰서가 많고 도대 소재지인 혼춘에는 일본 병대도 주둔해 있어 독립군이 보이면 일본군은 물론이요 중국군도 할 수 없이 총화를 겨누지 않을 수 없는 사정"이라면서, 요청을 거절한 것이다.

황학수는 물러서지 않았다. 왕덕상을 직접 찾아가 담판을 짓기로 했다. 왕덕상이 있는 곳은 혼춘이었다. 혼춘에는 일본영사관과 일본군이 주둔하고 있었다. 함께 간 청년들이 위험천만이라며, 그의 혼춘행을 만류했다. 그러나 "혁명이란 평지에서만 하는 게 아니라"며 뜻을 굽히지 않았다. 그는 부하 한 명만을 대동한 채 중국옷으로 변장하고 혼춘으로 향했다.

돈화를 출발한 후, 며칠 만에 혼춘에 도착했다. 황학수는 중국 여관에 숙소를 정하고, 왕덕상에게 만날 것을 통지했다. 그리고 한밤중에 그를 찾아갔다. 왕덕상은 위험을 무릅쓰고 찾아온 그의 태도에 감복했다. 황학수는 "우리는 해외에서 방랑하면서 오로지 조국광복에만 전력해 왔고, 무장준비를 해서 국내로 진격할 준비를 하고 있는데 귀국貴國에 해를 끼치지 않을 터이니 우리 독립운동을 묵인해 달라"고 요청했다.

왕덕상도 한인들의 활동과 독립운동에 대해 이해를 많이 하는 편이었다. 그는 봉오동과 청산리전투에 대해 극찬을 하면서, 자신의 어려운 처지를 이야기했다. 만주의 군벌인 장쭤린(장작림)이 일본의 교섭을 받아 한인의 행동을 엄중 감시하라는 지시와 공문을 내려 보낸다는 것이었다. 그렇지만 자신은 향후 한인들의 독립운동을 묵인하겠다며, 황학수의 요청을 수락했다.

왕덕상의 약속을 받은 황학수는 곧바로 돈화로 돌아와 그 결과를 설명했다. 그리고 독립군 출신들을 중심으로 돈화에 신민부의 자치조직과 군구제도를 실시하도록 했다. 이로써 돈화에도 신민부의 조직과 군구가 실시되기 시작했고, 신민부의 세력범위가 돈화를 중심으로 하여 동만지역에까지 미치게 되었다.

마적단과 연계하다

황학수는 군구를 개척하는 활동과 더불어, 마적단과 연계를 맺어 상호협력 체제를 구축하기도 했다. 당시 만주 일대에는 많은 마적단들이 활동하고 있었다. 마적단은 군대나 다름없었다. 병력도 많았고, 군율도 대단히 엄격해서 때로는 관군으로 대체할 정도였다.

장쭤린이나 마잔산(마점산) 등도 마적단 출신이었다고 한다.

그런데 마적단이 재산가들을 납치해 재물을 요구하고 강탈하는 것이 문제였다. 이러한 마적단의 행위는 비단 중국인들에게만 국한된 것이 아니었다. 만주지역에 이주해 있던 한인들도 마적단에게 적지 않은 피해를 당했고, 한인들이 가장 두려워한 존재 중 하나가 마적단이었다.

황학수는 신민부의 군구를 개척하면서 마적단으로부터 교포의 생명과 재산을 보호하는 일도 중요하게 여겼다. 이를 위해 마적단과의 관계를 원만히 유지하고자 했다.부대원들에게 마적단을 체포하더라도 살해하지 말라고 훈시, 체포한 마적단을 살려 보낸 경우도 많았다. 앞에서 말했듯이, 그가 북만주로 향하다가 마적단에게 체포되었을 때, 자신이 풀어준 마적단이 그를 알아보아 위험을 모면한 경험도 있었다.

황학수가 마적단과의 상호협력 관계를 주장하자 중앙집행위원장 김학소와 군사부위원장 김좌진도 이에 동의했다. 무엇보다도 한인들의 생명과 재산을 보호하기 위해서 마적단과 원만한 관계를 맺을 필요가 있었고, 북만주를 근거로 독립운동을 전개하는 데 있어서도 마적단과의 협력이 중요했던 것이다.

신민부에서는 마적단 수령에게 양측의 회합을 제의했다. 마적단 측에서도 이를 받아들였다. 마침내 1926년 8월 15일 양측의 회합이 장백산 서쪽의 삼림 속에 있는 북대영에서 이루어졌다. 신민부에서는 김학소·김좌진·황학수 세 사람이 수행원들과 함께 참석했다.

신민부 측에서는 두 가지를 제의했는데 하나는 만주 일대에 거주한 한인들을 적극 보호해 달라는 것과, 다른 하나는 독립군이 국내로 진공할 때 마적단 측이 의용군의 명칭으로 도와달라는 것이었다.

마적단 측에서는 이 제의를 흔쾌히 수락했고, 양측은 연합군대를 조직하는 문제에 대해서도 합의를 이루었다. 연합군대의 총사령은 마적단의 수령인 양호일이 선출되었고, 황학수는 김학소·김좌진과 함께 그 고문으로 결정되었다. 마적단 측에서는 연합군대의 총사령을 맡게 된 성과를, 신민부 측에서는 한인들의 보호와 독립운동에 협력을 얻어낸 회의였다.

특히 신민부의 입장에서는 커다란 성과를 거둔 회의가 아닐 수 없었다. 마적단으로부터 한인들을 보호할 수 있게 된 것이 가장 커다란 성과였다. 이후부터 한인들이 마적단에게 피해를 입는 일이 전혀 없었다고 한다. 그리고 관할지역의 한인들이 안심하고 생활하게 되면서 신민부의 조직과 세력도 크게 확대 발전되었다.

김학소의 피체

신민부는 북만주를 근거로 빠른 속도로 세력을 확대하며 발전하고 있었다. 그러나 호사다마라고 할까, 신민부에 커다란 불행이 닥쳐왔다. 주요 간부들이 일제에게 체포되는 사건이 일어난 것이다. 1927년 2월로 하얼빈의 일본영사관 경찰과 중국경찰이 합동으로 신민부 본부를 습격했다. 당시 신민부의 본부는 위하현 석두하자에 있었다. 본부를 지키고 있던 중앙집행위원장 김학소를 비롯해 경리부장 유정근, 본부 직원 김윤희·박경순·한경춘·남중희·이종순·이정하 등 12명의 간부들이 체포되었다.

당시 황학수는 돈화에서 활동하고 있었다. 김학소가 일제에 붙잡혀갔다는 소식은 그에게 엄청난 충격이었다. 김학소는 무관학교 동기생이자 그를 독립운동으로 이끌었던, 그리고 유일하게 믿고 의지한 정신적 지주나 다름없었기 때문이다. 황학수는 급히 본부로 귀환했지만, 김학소는 그 자리에 있지 않았다. 애통한 일이 아닐 수 없었다.

김학소는 일본 영사관이 있는 하얼빈으로 끌려가 감금되었다. 김학소를 비롯한 간부들은 체포된 후 재판을 받았다. 김학소와 유정근은 각각 15년, 다른 간부들은 보통 6년에서 5년형을 언도받았다. 이후 김학소는 병으로 출옥해 1936년 동빈현에서 병사할 때까지 감옥에 있었다.

황학수는 감옥에 갇혀 있는 김학소에게서 편지를 받았다. 편지는 "장작림 시대부터 중동선 철도 좌우 50리 이내에는 일본군이 경찰권을 갖고 있으니 동지들은 더욱 조심하라"는 내용이었다. 김학소의 편지를 받은 황학수는 감탄하지 않을 수 없었다.

철창에 있는 그가 편지를 보낸 것도 그랬지만, 감옥에 갇혀 있으면서도 동지들을 걱정하는 지도자의 모습에 감탄한 것이다. 황학수는 김학소가 편지를 보내왔다는 사실과 그 내용을 동지들에게 알려주었다. 김학소의 혁명정신에 감읍하지 않은 사람이 없었다고 한다.

김학소에게는 또 다른 일화가 있다. 김학소가 하얼빈 감옥에 갇혀 있을 때 그의 부하로 있던 한 청년이 석두하자에서 일제에게 체포되었고, 그 청년이 그의 감방으로 들어왔다. 김학소는 일경을 불러 "내가 아무리 피포되어 있는 몸일망정 혁명운동자도 아닌 청년을 내 방에 보내느냐"며 강력하게 항의했다. 이에 일제는 그 청년이 독립운동자가 아닌 일반 농민이라 여기고 석방했다고 한다. 지혜로운 상관이 자신의 부하를 살려낸 것이다.

김좌진과 함께 신민부 군정파로

최고 지도자 김학소를 비롯해 많은 간부들을 잃게 된 일은 신민부에게 엄청난 타격이었다. 그런데 이 사건을 수습하고, 향후 문제

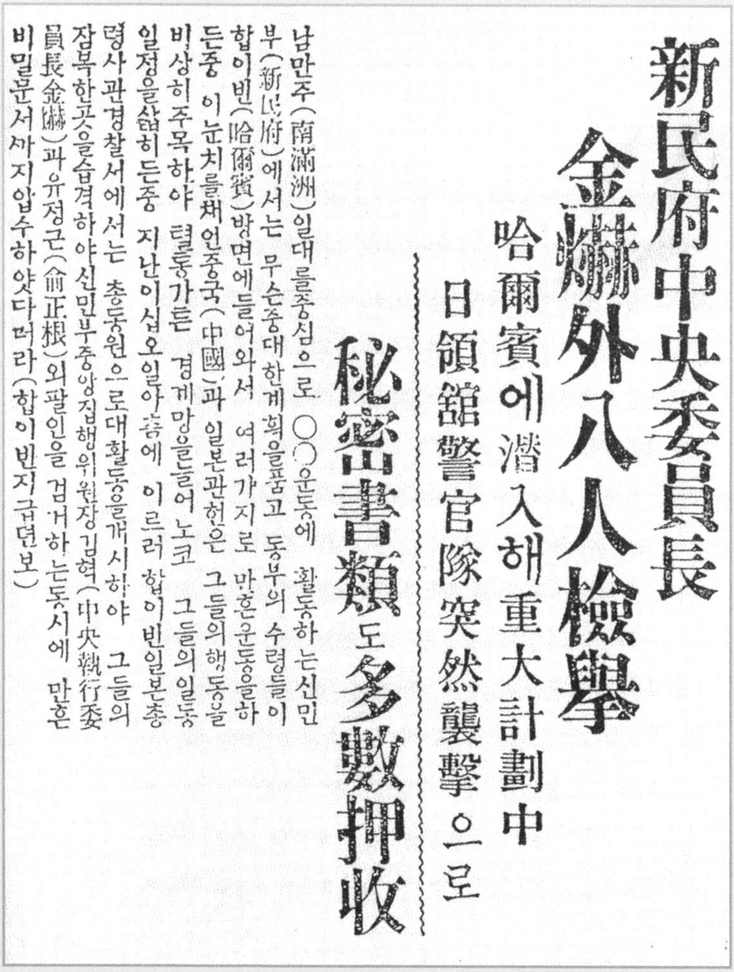

新民府中央委員長 金爀外八人檢擧

哈爾賓에潛入해重大計劃中 日領館警官隊突然襲擊으로

秘密書類도多數押收

남만주(南滿洲)일대를중심으로 ○○운동에 활동하는신민부(新民府)에서는 무슨중대한계획을품고 동부의 수령들이 합이빈(哈爾賓)방면에들어와서 여러가지로 만흔운동을하든중 이눈치를채언중국(中國)과 일본관헌은 그들의행동을 비상히주목하야 텰통가튼 경계망을늘어노코 그들의일동일정을삷히든중 지난이십오일야금에 이르러 합이빈일본총령사관경찰서에서는 총동원으로대활동을개시하야 그들의 잠복한곳을습격하야신민부중앙집행위원장김혁(中央執行委員長金爀)과유정근(俞正根)외팔인을 검거하는동시에 만흔 비밀문서까지압수하얏다더라(합이빈지급뎐보)

김학수(김혁)의 피체 사실을 보도한 『동아일보』(1928년 1월 28일자)

를 논의하던 중 신민부가 내부적으로 분열하고 대립하게 되었다.

신민부는 회의를 열어 중앙집행위원장을 비롯한 간부들을 새로 선출하는 문제와 향후 활동방향에 대해 논의했다. 군사부위원장 겸 총사령관인 김좌진 등은 이러한 희생을 계기로 능동적이고 적극적인 무장투쟁을 전개하자고 했다. 그러나 민사부위원장 최호 등은 무장투쟁보다는 우선 교육과 산업을 발전시킬 것을 주장한 것이다.

의견 대립은 상호 합의에 이르지 못하고 사무를 분담하기로 결론이 났다. 군정과 민정을 구분해서, 군정위원회와 민정위원회를 두기로 한 것이다. 그리고 군정위원회에서는 군사에 관한 것만 전적으로 처리하고, 민정위원회에서는 민사에 관한 사무만을 처리하도록 했다.

사무만 분담된 것이 아니라, 간부들도 나뉘었다. 민정위원회는 민사부위원장을 맡고 있던 최호가 위원장이 되었고, 김돈·박성준 등이 참여했다. 군정위원회는 군사부위원장이자 총사령관을 맡고 있던 김좌진이 위원장이 되었다. 황학수는 권갑민 등과 함께 군정위원회에 참여했다. 이로써 신민부는 두 세력으로 분열되었고, 이들을 흔히 '민정파' '군정파' 라고 한다.

황학수는 '군정파' 가 되어 김좌진과 함께 행동했다. 대한제국 육군무관학교를 졸업한 이래 신민부에 참여하기까지 줄곧 군사활

김좌진

동과 관련된 일만을 해왔던 그로서는 당연한 선택이었다. 또 그가 믿고 의지한 김학소가 일제에 체포된 상황에서, 그가 선택할 수 있는 길은 무장투쟁 외에는 다른 방도가 없었다. 그것이 어머니가 자신에게 가르쳐 준 '의리' 이기도 했다.

두 세력으로 분열된 가운데, 신민부의 조직을 재정비하기 위한 임시총회가 1927년 7월 오주하에서 개최되었다. 군정파와 민정파 양측의 대립으로 다소 시간을 끌었으나, 군정파의 의견이 우세해 결국 군정파의 주도로 신민부의 조직이 재정비되었다. 김좌진이 김학소의 뒤를 이어 중앙집행위원장에 선출되어, 신민부가 김좌진을 중심으로 운영되기 시작한 것이다. 황학수는 예전과 같이 참모부위원장이었다. 이후 황학수는 김좌진과 함께 군사활동에 주력했다.

황학수는 관할지역에 군구를 확대하는 사업을 계속적으로 추진하는 한편, 국내 진공을 위한 준비도 진행했다. 우선 국내 진입을 위해 필요한 지리 및 작전지도 작성, 국내의 실정 파악 및 일본군 주둔지 등을 조사하는 것을 목적으로 삼았다. 이를 위해 조사원을 국내로 파견하기로 하고, 조사하는 코스를 세 곳으로 계획했다. 제1로는 압록강을 건너 강계를 경유해 평양까지, 제2로는 백두산에서부터 함경·강원·경상도의 산맥을 따라 전라도 지리산까지, 마지막 제3로는 두만강을 건너 종성을 경유해 북청까지였다.

황학수는 장교들 중에서 지원자를 선발했다. 제1로와 제3로의 지원자는 쉽게 나타났으나, 제2로는 지원자가 없었다. 제2로는 산악지대라, 숙식할 곳도 없는 험준한 길일뿐만 아니라 시간도 오래 걸리는 험난한 코스였다. 마침내 적임자가 나타났다. 이중삼이었다. 세 코스의 지원자가 결정되자, 황학수는 이들을 비밀리에 국내로 출발시켰다.

국내로 파견한 조사원들은 성공적으로 임무를 수행했다. 제1로와 제3로의 조사원은 6개월만에 귀환했고, 제2로의 조사원은 1년만에 돌아왔다. 이들은 국내의 사정을 자세하게 파악해 가지고 왔고, 국내로 진입할 수 있는 비밀지도까지 작성하게 된 것이다.

국내로 조사원을 파견해 국내진공을 준비하려는 이 사업은 황학수의 면모를 이해하는 데 중요한 단서가 된다. 그는 관할지역에 직접 파고들어가 군구를 개척하는 사업을 추진했고, 돈화지역의 예와 같이 일제의 세력권이지만 위험을 마다않고 성과를 거두고야 말았다. 이러한 활동이 야전군인의 면모를 보여준 것이라면, 국내진공을 준비한 것은 작전군인으로서의 면모라고 할 수 있다.

국내로 조사원을 파견한 일은 세 노선의 조사원들이 모두 무사

귀환함으로써 성공을 거두었다. 이들을 통해 국내 사정을 파악할 수 있었고, 국내 진입을 위한 비밀지도도 작성한 것이다. 황학수는 크게 만족했다. 채근식은 조사원들이 귀환한 당시의 상황을 "황학수는 눈물을 흘리며 기뻐하며 주연을 베풀고 일행을 위로했다"고 설명했다.

3부통합운동의 결렬

신민부가 두 파로 나뉘어 독자적으로 활동하고 있을 때, 만주지역에서는 유일당을 조직하려는 움직임이 일어났다. 유일당운동은 1926년 상해에서 일어나기 시작한 것으로, 전민족이 대동단결해 유일한 정당을 조직하여 독립운동을 전개하자는 것이었다.

만주지역의 유일당운동은 1927년 초부터 일기 시작하였다. 상해에서 유일당운동을 주창한 안창호가 길림으로 와 대동단결을 역설한 연설회를 개최한 것이 그 계기가 되었다. 이어서 8월에는 정의부가 "신민부·참의부와의 연합을 도모, 유일당 촉성을 준비할 것"이란 결의안을 채택하면서, 유일당운동에 불이 붙었다. 1928년에 들어서면서 유일당운동은 본격화되었다. 상해에서 유일당운동을 주창한 홍진이 임시정부의 국무령을 사임하고, 정의부가 있는 길림에 와 지도자들을 만나 유일당운동을 종용하기 시작한 것이다.

김동삼

만주지역의 유일당운동을 주도하고 나선 것은 정의부였다. 정의부는 위치상으로 신민부와 참의부의 중간에 위치하고 있었고, 1928년 2월에 이미 내부적으로 3부의 간부들이 참여한 3부연합회의를 4월에 개최한다는 방침을 결정했다. 그리고 정의부에서는 참의부와 신민부에 3부 통합을 제의, 이를 위해 정의부 대표인 김동삼이 직접 신민부를 방문하기도 하였다.

이로써 만주지역에서도 유일당을 조직하자는 운동이 구체화되었다. 그 방향은 참의부·정의부·신민부의 3부를 중심으로 만주지역에서 활동하는 대소단체들을 통일하자는 것으로 모아졌다.

1928년 5월 유일당 조직을 위한 회의가 소집되었다. 정의부를 비롯한 18개 단체가 참여했고, 그 이름을 '전민족유일당조직촉성회' 라고 했다. 만주지역에서 활동하고 있던 민족·사회주의 계열의 단체들이 참여한 대규모 회의였다. 참의부와 신민부도 참여하기로 했지만, 참의부 대표는 중국 측의 삼엄한 경비로 인해 중도에 돌아갔고, 신민부 대표인 신숙은 회의가 종료된 후에야 도착했다.

그러나 회의는 유일당운동을 둘러싼 주도권 문제와 유일당을 조직하는 방법과 절차에서 서로 의견이 달라 순조롭지 못했다. 정의부는 유력한 단체를 중심으로 군소 단체가 종속되어 결합하자는 '단체본위조직론' 을 주장했고, 이에 대해 기존 단체들을 완전히 해체하고 개인중심으로 유일당을 조직해야 한다는 '개인본위조직

민족유일당회의가 열렸던 신안둔 마을

론' 이 제기된 것이다. 회의는 결렬되고 각기 주장에 따라 두 세력으로 나뉘어졌다. 단체본위를 주장한 세력은 전민족유일당협의회(약칭 협의회)를, 개인본위를 주장한 세력은 전민족유일당촉성회(약칭 촉성회)를 결성한 것이다.

이후 두 파는 서로 상대방을 비난하며 별도로 유일당운동을 추진해나갔다. 1928년 7월 정의부에서는 참의부와 신민부에 통합을 제의, 참의부와 신민부가 이를 받아들임으로써 3부통합회의가 열리게 되었다. 3부통합회의는 그해 9월 길림성 신안둔에서 3부의 대표들이 참여한 가운데 개최되었다.

황학수는 신민부의 대표로 참석했다. 당시 신민부는 군정파와 민정파 두 세력으로 나뉘어 있었다. 신민부에서도 3부통합회의에 참여하기로 결정하고, 양파가 모두 참여하는 통일대표를 파견하기로 해 황학수가 그 대표에 선출된 것이다.

그러나 3부통합회의도 유일당 조직의 방법을 둘러싸고 의견이 대립되었다. 신민부와 참의부에서는 3부를 완전히 해체하고 새로운 유일당을 조직할 것을 요구했고, 정의부에서는 단체본위조직론을 주장했다. 이로써 5월에 개최된 회의와 똑같은 상황이 반복되었다. 여기에 신민부 대표로 참여한 두 파 사이의 갈등이 노정되고, 또 참의부에서는 내부의 사정으로 대표를 소환하는 일이 일어났다.

이로 인해 3부통합회의도 더 이상 진전을 보지 못한 채 결렬되고 말았다.

3부통합운동이 결렬된 데에는 일제 측의 방해공작도 한 몫했지만, 3부의 내부사정 또한 중요한 요인이 되었다. 신민부의 경우도 서로 의견이 달랐다. 황학수는 김좌진과 더불어 군정파의 핵심인물이었고, 개인본위를 주장했다. 반면에 김칠돈·이연 등 민정파는 자신들이 신민부의 대표임을 자처하면서, 단체본위를 주장했던 것이다.

정의부나 참의부의 사정도 마찬가지였다. 정의부도 내부적으로 의견이 통일되어 있지 않았고, 참의부는 내부에서 반란이 일어나 세력이 분열되어 있었다. 이로써 만주지역을 3등분하고 있던 정의부·참의부·신민부를 통합하고자 한 3부통합운동은 완전히 결렬되고 말았다.

신민부의 해체와 혁신의회 조직

3부통합운동이 결렬된 후, 통합의 방법론을 달리하던 두 세력은 각각 활동방향을 찾았다. 개인을 중심으로 통일을 이루자고 주장한 '촉성회파'와 단체를 중심으로 통일을 이루어야 한다는 '협의회파'로 나뉘어, 서로 상대방을 비난하면서 각각의 세력을 모으기 시작한 것이다. 이리하여 기존의 3부는 해체되고, 새로이 혁신의회와 국민부가 결성되었다.

황학수는 혁신의회를 결성했다. 혁신의회는 개인을 중심으로 통일을 이루어야 한다고 주장한 세력들이 결집해 조직한 것이었다. 3부통합운동이 깨진 직후, 촉성회파 인사들이 별도로 모임을 가졌다. 황학수는 김좌진·김동현과 함께 신민부 측 인사로 참여했고, 정의부에서는 현익철·김이대·이관일, 참의부에서는 김승학·장기초·박창식, 그리고 재야혁명회 인사로 김동삼·이청천·김원식 등이 참여했다.

'재야혁명회' 는 정의부가 단체를 중심으로 통일을 이루자고 결의하자, 정의부에서 탈퇴해 독자적으로 활동하고 있던 인사들을 말하는 것이다.

이들은 향후 활동방향에 대해 논의했다. 그 방향은 대체로 두 가지로 결정되었다. 하나는 유일당의 촉성을 적극적으로 전개한다는 것이고, 이를 추진하기 위해 민족유일독립당재만책진회를 조직해 활동하기로 했다. 둘째는 유일독립당을 조직함과 더불어, 군정부를 설립한다고 하였다. 당과 정부를 조직해 운영한다는 구상이었다. 군정부를 설립하기까지 과도적 임시기관을 설치하기로 하고, 종전의 신민부와 참의부는 해체하기로 했다. 1928년 12월 이들은 신민부와 참의부의 해체를 선언하고, 군정부의 과도적인 임시기관으로 혁신의회를 설립했다.

육군주만 참의부 대원들

설립 당시 혁신의회의 조직이나 기구가 명확하게 밝혀져 있지는 않지만, 대강의 구성은 이렇다. 정의부의 김동삼과 김원식이 각각 의장과 중앙집행위원장으로 선출되었고, 참의부의 김승학이 민사위원장이었다. 황학수는 여기서도 군사위원장으로 선출되었다. 서로군정서·신민부에 이어 또다시 군사위원장을 맡게 된 것이다. 그리고 황학수·김좌진 등이 혁신의회 설립에 참여하면서, 이들이 주도하고 있던 신민부는 해체되었다.

'혁신의회' 는 설립 후, 관할구역을 설정하고, 이를 중심으로 세력기반을 확립해 나갔다. 관할구역은 참의부가 활동하던 지역을 남일구, 신민부가 활동하던 지역은 북일구, 그리고 재야혁명회의 활동지역은 중일구로 명명해, 모두 3개구로 정했다. 이로써 혁신의회의 관할구역이 설정되고, 그 범위는 남만주에서부터 북만주 일대까지 걸쳐 있었다.

관할구역 설정 후, 각 구역에 혁신의회의 조직과 세력기반을 확대하는 사업을 추진했다. 방법은 각 구역별로 책임자를 임명하고, 그 책임자가 직접 관할구역에 나아가 활동한다는 것이었다. 남일구에는 김승학이, 중일구에는 김동삼이, 황학수는 북일구의 책임자가 되었다. 김승학은 참의부를 주도한 인물이고, 김동삼은 정의부의 대표적인 지도자였다. 각기 자신이 종전에 활동하던 지역을 담당한 것이다.

황학수는 옛 신민부 관할구역인 북일구를 맡았다. 북일구를 책임진 그는 북만주 중동선으로 향했는데 북만주 일대가 예전 같지 않았다. 이전의 신민부의 세력이 군정파와 민정파로 갈라진 이래, 3부통합회의가 진행되면서 방법론을 둘러싸고 더 분열된 것이다. 그리고 일본의 세력범위도 더 확대되어 있었다. 남일구와 중일구의 사정도 마찬가지였다. 이로 인해 혁신의회가 지방에 세력기반을 확대하는 사업은 순조롭게 진행되지 못했다.

이렇게 지지부진한 상태에 있을 때, 단체를 중심으로 통일을 이루자고 주장한 협의회파가 세력을 결집했다. 정의부의 현익철·고할신·이동림, 참의부의 심용준·임병무·유광흘, 신민부의 민정파인 김돈·송상하·이영희 등의 인사들이 참여해 1929년 4월 3부를 통합하는 형식으로 국민부를 결성한 것이다. '국민부'가 정의부·참의부·신민부의 3부를 통합하는 형식으로 결성되면서, 그동안 추진된 유일당운동은 결실을 맺은 셈이 되었다.

한국독립군을 편성하고 대일항전을 전개하다

북만주에 독립운동의 터전을 마련

국민부 성립으로 혁신의회를 주도했던 인사들은 각기 자신의 활동근거지로 돌아갔다. 참의부의 김승학 등은 남만주로, 정의부의 이청천 등은 그들의 관할구역인 오상현의 충하진으로, 김좌진은 영안현 해림으로 이동했다. 그러나 황학수는 특별히 자신의 근거지가 없었다.

황학수는 서란현 노흑정자로 향했다. 그 곳에 이장녕이 있었기 때문이다. 이장녕은 대한제국 육군무관학교 출신으로, 북로군정서의 참모장·대한독립군단의 참모장 등을 역임한 만주지역 독립군의 지도자 중 한 사람이었다. 자유시참변을 겪고 돌아온 후, 그는 노흑정자에서 활동하고 있었다.

황학수가 노흑정자에 머물고 있을 무렵, 오상현 충하진이 북만주 독립운동의 주요 거점이 되었다. 오상현은 원래 정의부의 관할로 노흑정자와는 약 70리 떨어져 있었다. 이곳에는 박일만이 경영하는 농장이 있었고, 혁신의회가 해산된 후 이청천이 이곳에 정착했다. 그리고 임시정부의 국무령을 역임하고, 만주에서 유일당운동의 바람을 일으켰던 홍진도 이곳으로 옮겨왔다. 이를 계기로 오상현 충하진이 주요 거점으로 부상한 것이다.

오상현은 길림과 하얼빈 중간에 있었다. 오상현을 포함해 하얼빈 근처의 아성현·유수현·빈강현, 그리고 하얼빈에서 목단강으로 이어지는 중동철도 연변의 주하현·위하현·영안현 등의 지역을 흔히 북만주라고 한다. 북만주지역에도 적지 않은 한인들이 이주, 대부분 논농사를 짓고 있었다. 1930년 당시 북만주에 거주한 한인은 약 4만 4천 명에 이르렀고, 이중 영안현에 1만 명을 비롯해 위하현에 1,265명, 주하현에 5,200명, 그리고 오상현에 1,235명이 거주하고 있었다.

오상현 충하진에 정착한 인사들은 이러한 기반을 토대로 북만주 일대에 독립운동의 근거지를 마련하고자 했다. 생육사라는 단체를 조직한 것이 그러한 의도였다. 생육사는 홍진·황학수·이청천·김좌진 등 혁신의회를 조직해 활동하던 인사들 일부와 오상현 근처에 정착해 있던 이장녕·김창환·박일만 등의 인사들이 중심이 되어, 비밀결사로 결성했다.

생육사는 홍진을 대표로 해 조직되었다. 대표의 명칭은 사장이라 칭했고, 서무부·친목부·식산부·수양부·교제부·규찰부 등의 부서를 설치해 업무를 추진했다. 생육사는 각지에 분사를 설치하고 사원을 모집하는 방법으로 북만주 일대에 활동기반을 마련해나갔다. 그리고 1930년 2월 13일 길림의 춘등하에서 각기 분사의 대표들이 참석한 가운데 제2회 정기총회를 개최, 부서 개편과 함께 활동방향을 결정했다.

황학수는 생육사의 발기인이었지만, 창립 당시에는 그의 이름이 나타나지 않는다. 제2회 정기총회에서 부서를 개편할 때, 중앙집행간사와 중앙상무원에 그의 이름이 보이고 있다. 생육사와 관련된 자료가 거의 없다는 것이 그 이유가 아닐까. 생육사와 관련해서는 일제 정보자료에 일부 내용이 전해지는 정도이다.

생육사는 창립 이후 '농지매수'를 주요 활동방향으로 설정했다. 당시 만주에 이주한 한인들 대부분은 자신의 토지를 갖지 못했다. 연변지방 이외에는 토지소유권이 인정되지도 않았지만, 토지를 구입할 수 있는 여력을 가진 한인들도 많지 않았다. 1929년 당시 길림지방 한인농가의 99퍼센트가 소작농이었다고 한다. 한인들 대부분이 중국인의 땅을 빌어 농사를 짓고 있었던 것이다.

생육사가 활동방향을 농지매수에 둔 것은 이러한 현실을 감안해 우선 소작농의 비참한 생활을 구제하고, 한인들의 생활안정을 도모하고자 한 것이다. 생육사에서는 농지매수 자금을 마련하기 위해 주식을 발행했던 것 같다. "우선 190주를 상무회에 위임하고 올

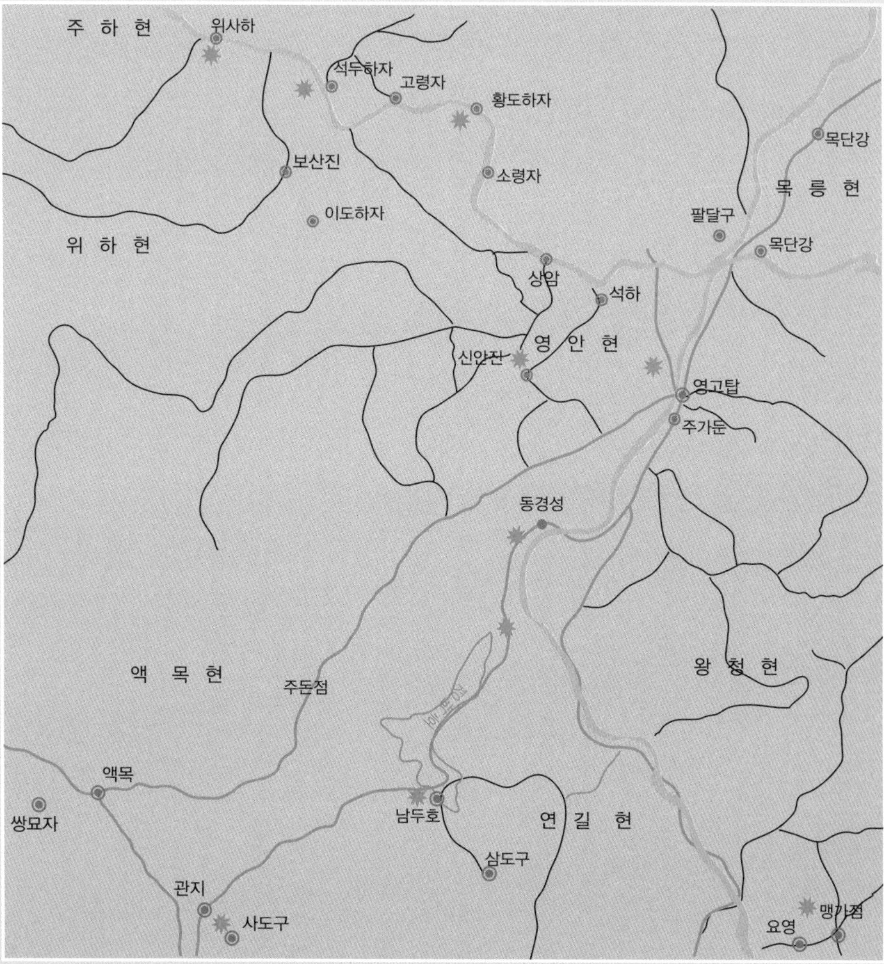

한국독립군이 활동한 동북만주 지역

봄 안으로 농지구입에 착수하기로 하고 하얼빈 부근에 있는 20향 농지압조안을 통과 실시할 것"을 결정한 것에서 알 수 있다.

생육사는 우선 북만주 일대에 거주하고 있는 한인들의 생활기반을 마련하는 것을 목표로 설정하고, 이를 기반으로 독립운동 자금을 마련해, 독립군을 양성하고자 한 것이다. 생육사가 조직되어 활동을 시작하면서 오상현을 중심으로 한 북만주 일대가 독립운동의 주요 근거지로 개척되었고, 이러한 기초위에 한국독립당과 한국독립군이 결성되어 활동하게 되었다.

김좌진의 암살과 한국독립당 창당

황학수가 생육사를 조직해 북만주 일대에서 독립운동 기반을 구축하고 있을 때, 북만주 일대의 한인사회에 공산주의운동이 급속하게 확산되고 있었다. 만주지역에 공산주의가 파급된 것은 3·1운동 직후부터였다. 이후 국내에서 결성된 조선공산당이 1926년 5월 주하현 일면파에서 조선공산당만주총국을 결성하고, 그 본부를 영안현 영고탑에 설치한 것을 계기로 만주지역에 공산주의 세력이 크게 확대되어 갔다.

만주총국이 설립되기 이전까지는 민족주의와 공산주의 세력이 차별 없이 항일독립이라는 공동목표 아래 함께 활동했다. 그런데

김좌진 장군의 장례식

만주총국이 설립되면서 상황이 달라졌다. 서로 세력범위를 확대하면서 충돌이 일어나게 된 것이다. 여기에 국공합작이 와해된 중국의 정세 변화와 중국공산당 만주성위원회의 설치, 그리고 1928년 12월 코민테른에 의한 조선공산당의 해체와 일국일당 원칙에 따른 중국공산당의 가입 등 여러 요인이 작용하면서 민족주의와 공산주의 세력의 대립은 격렬한 양상을 띠게 되었다.

황학수가 활동하던 지역에서도 대립과 갈등이 심각했다. 공산주의 세력이 민족주의 계열을 타도한 일이 일어난 것이다. 생육사의 본부가 있던 오상현에서 공산당원 이영민·조동구 등이 "민족주의자는 공산당의 적"이라는 구호를 내세우며 농민 수백 명을 선동, 민족주의 인사들에게 공격을 가했다. 이로 인해 이곳에서 농장을 경영하며 생육사의 간부로 활동하던 박일만과 이규채 등이 유수현으로 도피한 일도 있었다.

농장 경영자 뿐만 아니라, 이청천과 같은 지도자도 처형을 당할 뻔했다. 이청천의 딸 지복영은 오상현에도 공산주의자들이 들어와 공작을 벌이고 급기야 민족진영 인사들에 대한 테러를 감행했다고 하면서, "소위 요새말로 인민재판을 열어 처형하려고 하였다. 그러나 백산(이청천)의 활동에 대해 누구보다도 잘 알고 있던 농민들이 백산을 변호함으로써 그들의 의도가 수포로 돌아가고 말았다"고 증언했다. 이청천의 경우는 농민들의 변호로 화를 면할 수 있었다.

양측의 대립이 격화되는 가운데, 김좌진이 공산주의자에게 암살당하는 사건이 일어났다. 김좌진은 3부통합운동이 결렬된 후 영안현 해림으로 돌아와 산시역전에서 정미소를 운영하며 활동하고 있었다. 이곳은 옛 신민부의 관할구역이었다. 김좌진은 생육사에도 관계하면서, 다른 한편으로는 김종진·이을규 등 재만조선무정부주의자연맹과 연합해 1929년 7월 한족총연합회를 조직하고, 이를 중심으로 활동하고 있었다.

김좌진이 활동하고 있던 영안현은 북만주에서도 공산주의운동이 가장 활발한 곳이었다. 조선공산당 만주총국이 바로 영안현 영고탑에 본부를 두고 있었고, 이 지역의 농민들을 기반으로 세력을 확대하고 있었다. “신민부는 독립운동의 가면을 쓰고 자금을 징수해 농민들을 괴롭히고 있다”는 등의 선전을 하며, 신민부를 공격하던 이들은 한족총연합회에 대해서도 반대했다. 급기야는 1930년 1월 24일 공산주의자 박상실이 산시역전에 있는 정미소에서 김좌진을 암살한 일이 일어났다.

김좌진의 암살은 황학수에게 엄청난 충격이었다. 황학수는 자신의 정신적 지주였던 김학소가 일제에게 체포된 일을 당한 데 이어 자신과 함께 신민부를 이끌던 김좌진이 암살당했다는 비보를 접한 것이다. 이는 비단 황학수뿐 아니라 민족주의 진영에도 커다란 타격이었다. 김좌진은 청산리전투를 승리로 이끌었던 항일무장투쟁의 상징적인 존재일 뿐만 아니라, 독립군의 대표적 지도자 중의 한 사람이었다. 독립군의 대표적인 지도자를 잃었다는 것도 슬픔이거니와, 동족의 손에 의해, 더욱이 공산주의자에게 피살되었다는 데 충격이 컸다.

이 사건을 계기로 북만주지역에서 활동하고 있던 민족주의 세력의 대동단결이 추진되었다. 당시 민족주의 세력은 오상현에 근거를 두고 활동한 생육사와 김좌진이 주도한 한족총연합회가 가장 큰 세력이었다. 이외에 동빈현주민회·주하현주민회 등과 같은 자치조직들도 있었다. 각기 독자적인 조직과 세력기반을 갖고 활동해왔던 이들 사이에 대단결이 추진되었다.

민족주의 세력의 대결집, 그것은 한국독립당을 창당하는 것으로 귀결되었다. 1930년 7월 위하현 위하역전에 있는 한 장소에서 각 지방의 대표들 100여 명이 참가한 가운데 한국독립당을 창립하기 위한 회의가 소집되었다. 이 대회에서 당강과 강령을 제정 통과시키고, 집행위원장 홍진을 선출해 한국독립당을 창당했다. 황학수는 이진산·이장녕·김규식 등과 함께 부위원장에 선출되었다.

'한국독립당' 이 창당되면서, 만주지역의 독립운동전선이 크게 양대 세력으로 재편되었다. 앞에서 언급했듯이 협의회파는 1929년 4월 국민부를 조직, 남만주를 관할구역으로 삼았다. 그리고 1929년 12월 조선혁명당과 조선혁명군을 조직해 활동했다. 이렇게 남만주지역이 정돈된 상태에서, 북만주지역에서 새로이 한국독립당이 결성된 것이다. 남만주의 '조선혁명당'과 북만주의 한국독립당은 유일당운동의 산물로써, 이 두 정당이 만주지역의 독립운동을 주도하게 되었다.

한국독립군을 편성하다

황학수가 부위원장으로 취임한 한국독립당은 활동기반이 매우 취약한 상태에 있었다. 북만주지역은 남만주나 동만주에 비해 독립운동의 여건이 열악했다. 한인들이 이곳에 이주한 시기가 짧아 생활기반도 안정되지 못했고, 한인들의 숫자도 적었다. 이들 대부분은 농사를 짓고 있었지만, 그나마 대다수는 소작농이었다.

한국독립당은 활동기반 마련을 우선적 과제로 삼았다. 그리고 북만주지역에 거주한 한인들의 자치와 생활안정을 도모하고, 당의 조직과 세력을 확대 강화시켜, 이를 기반으로 당군을 편성해 대일항전을 전개한다는 것으로 당의 방침을 설정했다.

한인들의 자치와 생활안정을 도모하기 위한 방법으로 한족자치연합회를 조직했다. 한족자치연합회는 동빈현주민회·주하현주민회 등 기존 주민회를 연합한 것으로, 한인들의 자치기관이면서 일종의 정부와 같은 기구라고 할 수 있다. 이를 통해 한인들의 결속을

일본군의 만주침략(사진은 길림을 점령한 일본군)

林 吉

도모하는 한편, 안정적으로 농사를 지을 수 있도록 한인들을 보호하는 활동을 전개했다.

또한 조직을 정비해서 중앙당부와 현을 단위로 한 지당부, 그리고 그 아래 구당부로 체계를 갖추었고, 중앙당부는 아성현 대석하에 두었다. 아성현은 당의 창립대회가 열렸던 위하현에서 하얼빈 방향에 있었다. 이곳에는 신숙·심만호·이우석 등이 농장을 얻어 농사를 짓고 있었고, 창립 직후 집행위원장 홍진을 비롯해 여준·이청천 등이 이곳으로 이동해오면서, 본부가 아성현으로 옮겨졌다.

당의 조직을 갖추어가는 활동과 더불어 추진한 사업이 있었다. 병력을 모집해 군구를 설치한 것이다. 창립 당시 당군을 편성한다는 원칙하에 "전만주를 15개 구로 나누어 신병을 모집해 3개월씩 일기一期로 미리 훈련할 것"이란 방침이 세워졌다. 구역을 정하고, 그 구역내에 있는 한인청년들을 대상으로 병력을 모집해 우선적으로 군사훈련을 실시한다는 것이었다.

황학수가 맡은 일은 이러한 군사활동이었다. 그는 병력을 모집하고 군구를 개척하는 일에 대해서는 누구보다도 많은 경험을 갖고 있었다. 황학수는 비교적 한인들이 많이 거주하고 있는 오상현 사하자 지방으로 내려가 군사활동을 전개했다. 그 결과 오상현 사하자가 한국독립당 제15당부로 편제되고, 동시에 한국독립군 제12군구가 설치되었다.

한국독립군 총사령관 이청천

당의 조직과 군구를 개척하는 사업은 짧은 기간 동안 상당한 성과를 거두었다. "중앙·지당부·구당부의 3급 조직을 설치하고 이 지역에 있던 의병·유림·대종교 등의 집단을 총망라해 진영을 새롭게 한 것이다.

"1931년 당원수가 수만에 달하고 군구가 확장되어 36개에 이르렀다"고 한 김학규의 회고가 그것을 짐작하게 한다. 당원이 수만에 달했다는 것은 과장된 표현이겠지만, 그 성과가 적지 않았음을 말해준다.

한국독립당이 북만주지역을 중심으로 조직과 군구를 확대하고 있을 때, '만주사변'이 일어났다. 1931년 9월 18일 일제가 심양 근처 남만철도인 유조구를 폭파하고 이를 빌미로 만주 전지역을 무력으로 점령한 것이다. 일제의 만주침략은 동북아정세에 커다란 변화를 가져왔을 뿐 아니라, 한국독립운동은 물론이고, 중국에도 커다란 영향을 끼쳤다. 이로 인해 만주지역에서 대일항쟁이 폭발적으로 일어나게 되었다. 만주에 있던 중국인들이 각처에서 '자위군'·'의용군'·'구국군' 등을 조직해 항일무장투쟁을 전개하기 시작한 것이다.

일제의 만주침략으로 정세가 급변하자, 한국독립당은 긴급 중앙회의를 소집해 정세 변화에 어떻게 대처할지를 협의했다. 그리고 "각 군구에 총동원령을 내려 군사 행동을 개시할 것, 당내 일체 공작을 군사 방면에 집중할 것, 길림성 항일군 당국에 사람을 파견해 한중합작을 상의할 것" 등을 결정했다. 만주사변을 계기로 한국독립당의 활동을 군사활동에 집중시키기로 한 것이다.

한국독립당은 중동선 철도 연변을 중심으로 각 군구에 총동원령을 내려 병력을 소집했다. 그리고 군사부위원장인 이청천을 총사령관, 남대관을 부사령관, 이장녕을 참모관으로 임명해, 당의 군사조직으로 한국독립군을 편성했다. 우선 지휘부를 구성하고, 이후 병력을 소집하거나 징모해 부대 규모를 확대해나간다는 방침이었다.

한국독립군 부사령관으로 선출되다

한국독립군은 창설 직후, 중국 항일군과 연합을 추진했다. 1932년 11월 12일 부사령관 남대관과 신숙이 이두·정초 등이 주도하고 있던 길림자위군과 호로군을 찾아가 한중연합을 상의했고, 중국측으로부터 긍정적인 답변을 얻어냈다. 그리고 12월 11일 총사령관 이청천이 간부들과 함께 호로군 총부를 방문해 한중 양군이 연합한다는 원칙에 합의했다. 그 조건은 한국독립군이 중동선 철도의 동부전선을 맡고, 중국 측은 그 대가로 군수물자를 공급한다는 것이었다.

이후 한국독립군은 중국군과 연합작전을 전개했다. 한중 연합작전은 1932년 1월 서란현에서 시작되었다. 서란현 일대에서 병력을 모집해 본부로 이동하던 조경한이 도중에 길림자위군의 사복성 부대와 만나 무기와 탄약을 지원받고, 서란현성에 주둔하고 있던 일본군을 공격한 것이다. 이 전투에서 일본군 1개 분대와 길림군 1개 중대를 거의 전멸시키는 승리를 거두었다. 이를 서란현전투라고 한다.

이어 1932년 2월에도 일본군과 대격전을 치렀다. 일본군이 이두·정초 등의 길림자위군과 중동철도 호로군을 공격하자 총사령관 이청천이 한국독립군을 이끌고 이들과 함께 위사하·동빈·방정 등지에서 일본군과 치열한 전투를 벌인 것이다. 그러나 이두·정초 등의 부대가 패해 행방이 두절되면서 식량과 탄약 보급이 끊기고, 또 비행기를 동원한 일본군의 적극적인 공세로 커다란 타격을 입고 분산해 여러 곳으로 퇴각했다.

이후 한국독립군은 각지로 분산된 독립군을 재결집, 길림자위군의 고봉림 부대와 연합전선을 펼쳤다. 그 대표적인 전투가 쌍성보전투였다. 1932년 9월 20일 한국독립군은 고봉림 부대와 함께 일본군과 만주군이 지키고 있던 쌍성보를 기습 공격해, 이를 점령했다. 일본군과 만주군을 크게 패퇴시키고, 무기와 탄약·피복 등 수개월 동안 쓸 수 있는 물자를 획득하는 성과를 거두었다.

철길을 따라 이동하는 일본 관동군

한국독립군은 중국군과 연합해 일본군과 만주군을 상대로 수많은 전투를 치렀다. 승리를 거둔 경우도 많았고 패한 경우도 많았다. 특히 1932년 11월에 있었던 제2차 쌍성보전투는 한국독립군에게 커다란 타격을 안겨주었다. 11월 20일 고봉림 부대와 연합해 쌍성보를 공격했을 때, 일본군과 만주군이 대포와 비행기를 동원해 반격, 도피하는 한중연합군을 4일에 걸쳐 추격한 것이다.

이 전투에서 한국독립군과 고봉림 부대는 커다란 타격을 입었다. 특히 고봉림 부대는 인명피해가 엄청 난데다가 사기가 극도로 저하되었고, 군수물자 또한 부족해 더 이상 항전을 포기하고 재기를 위한 방편으로 일단 적에게 투항했다. 그러나 한국독립군은 투항하지 않았다. 고봉림 부대와 결별하고, 독자적인 활동방향을 모색했다.

그러나 만주의 정세는 날로 심각해져 갔다. 1932년 3월 수립된 만주국의 체제가 정비되면서, 일본군과 만주국의 군대가 대규모 토벌작전을 전개하기 시작한 것이다. 자위군·구국군 등 중국의 반만항일군들이 항전을 계속했지만, 그들의 우세한 병력과 화력을 당해내는 데는 한계가 있었다. 하얼빈을 비롯해 북만주 일대가 점차 일본군과 만주국의 세력범위로 흡수되어갔다. 이에 따라 북만주를 근거로 한 한국독립군의 활동 여건과 공간이 좁아지고 있었다.

한국독립군이 점령했던 쌍성보의 동문(위)과 서문(아래)

한국독립군은 제2차 쌍성보전투를 치른 후 당과 군의 대표들이 참석한 당군연합회의를 소집해 당과 군의 진로를 모색하고자 했다. 당군연합회의는 1932년 11월 29일 오상현 사하자에서 개최되었다. 회의에서 내린 결론의 핵심은 당과 군의 근거지를 동만지역으로 옮기자는 것이었다. 동만주는 북만주보다 비교적 한인들이 많이 거주하고 있었다. 동만주의 한인들을 기반으로 해, 이곳에서 활동하고 있는 중국군과 연합해 활동하자는 계획이었다.

당과 군을 동만지역으로 옮겨 활동할 것을 결정하면서, 떠오른 것이 황학수였다. 동만은 옛 신민부의 관할구역이고, 동만을 신민부의 관할구역으로 개척한 것이 바로 황학수였다. 근거지를 동만으로 옮겨 활동하기 위해서는 무엇보다도 황학수의 경험과 힘이 필요했고, 황학수를 한국독립군의 부사령관으로 선출했다.

총사령관은 이청천이 계속 연임했고, 황학수는 남대관·김창환에 이어 부사령관을 맡게 되었다. 한국독립군의 활동에서 황학수 이름이 크게 부상한 것이 이때부터였다.

중국군과 연합하여 대일항전을 벌이다

근거지를 동만주로 옮긴다는 것이 결정된 후, 한국독립군은 곧바로 부대의 이동을 시작했다. 부대는 1932년 11월 30일 오상현을 출발, 액목현을 거쳐 다음해 1월 13일 영안현에 도착했다. 한겨울 추위를 무릅쓰고 결행한 한 달 보름여에 걸친 고난의 행군이었다.

황학수는 부대가 동만으로 이동하는 중에 중국군과의 연합을 시도했다. 당시 동만주 지역에는 왕덕림이 이끄는 길림구국군이 있었다. 황학수는 사람을 보내, 우선 왕덕림에게 한중간 연합에 대한 의견을 타진하도록 했다. 그러나 왕덕림은 그곳에 없었다. 길림구국군 역시 계속되는 전투에서 많은 타격을 입었고, 왕덕림은 장제스(장개석) 국민당정부에 원조를 교섭하기 위해 관내로 가 있었다.

왕덕림을 직접 만나지는 못했지만, 왕덕림 휘하의 12단장인 채세영 부대와 연합을 이루었다. 채세영 부대는 액목현에 주둔하고 있었고, 채세영이 왕덕림이 부재중이니 자신의 군단과 연합할 것을 제의해온 것이다.

황학수는 양측이 연합을 이루기로 하고, 연합부대의 명칭을 한중연합토군이라고 정했다. 이로써 한국독립군과 길림구국군과의 연합이 실현되었다.

그리고 이들과 함께 동만 일대에서 대일항전을 전개했다. 1933년 2월 경박호를 지나던 중 일본군이 진격한다는 정보를 입수하고, 채세영 부대와 호수 주변에 매복해 있다가 일본군을 급습해 큰 승리를 거두었다. 이것이 경박호전투로, 동만으로 이동한 후 벌인 첫 전투다.

경박호전투가 있은 지 한 달여 만에 사도하자에서 또 다른 전투가 있었다. 경박호에서 승전을 거둔 후 한국독립군은 사도하자라는 곳에 주둔하고 있었는데, 이때 독립군의 승전 소식을 들은 동만의 많은 한인들이 찾아와 합류하면서 세력이 왕성해지게 되었다. 영안현에 주둔하고 있던 일본군과 만주군이 이들을 공격해 오면서 벌어진 것이 사도하자전투였다. 한중연합군은 적의 공격 정보를 입수하고, 병력을 네 개로 나누어 일본군과 만주군의 퇴로를 차단하고 포위했다. 황가둔·주가둔 등에서 20여 차례에 걸친 전투가 벌어졌고, 일본군과 만주군은 과반수가 섬멸된 채 도주하고 말았다. 경박호에 이어 한중연합군이 대승을 거둔 두 번째 전투였다.

동경성전투는 한중연합군이 동경성을 공격해 점령한 전투였다. 동경성은 발해의 고도로서, 영안현 서남쪽에 있었다. 이곳은 교통뿐만 아니라, 전략의 요충지였다. 일본군과 만주군의 식량보급기지나 다름없었고, 영안현을 장악할 수 있는 곳이 바로 동경성이었다. 1933년 6월 한국독립군은 채세영 부대와 함께 동경성을 공격했다. 미리 성안에 편의대를 잠복시켰다가 내외에서 공격을 퍼부었다. 일본군과 만주군은 참패한 채 성을 버리고 도주했고, 한중연합군은 이를 추격해 거의 궤멸시키다시피 했다.

동만으로 이동한 후, 한국독립군은 경박호·사도하자에 이어 동경성을 점령하는 승전을 거두었지만 시급히 해결해야 할 당면 문

한국독립군이 길림구국군과 일본군을 대파하고 점령했던 동경성 시가지

제가 있었다. 영안현에 주둔하고 있는 일본군·만주군의 대규모 부대와 정면으로 대결해야 하는 상황에서 동경성을 수비하기 어렵다는 문제가 그 하나였다. 다른 하나는 계속되는 전투로 인해 병력이 손실되었다는 점이다. 병력을 보충하는 문제가 시급한 과제로 떠올랐다.

한국독립군은 이 두 가지 문제를 해결해야 했다. 황학수는 총사령관 이청천과 이 문제를 협의, 우선 일본군의 대규모 역습이 있기 전에 동경성에서 부대를 철수시키기로 했다. 그 일은 이청천이 맡았다. 이청천은 동경성에서 부대를 철수해 군인들을 인솔하고 왕청현과 동녕현에 있는 삼림 지대로 이동했다.

부사령관인 황학수는 병력을 보충하는 일을 맡았다. 총사령관과 부사령관이 업무를 분담한 것이다. 각 군구로 나가 장정을 모집해 전투지역으로 동원하는 것이 황학수의 임무였다. 황학수는 편의대 1대를 인솔하고 자신이 개척하고 활동했던 옛 신민부 관할구역을 돌아다니며 병력을 모집하는 활동을 전개했다.

한국독립군이 해체되다

황학수가 군구를 돌아다니며 병력을 모집하고 있을 때, 한국독립군이 중국군으로부터 무장해제를 당한 사건이 일어났다. 1933년

10월 중국의 오의성 부대와 연합해 작전을 준비하던 중, 오의성 부대가 한국독립군을 기습 포위하고 총사령관 이청천을 비롯해 330여 명의 한국독립군을 체포 구금한 사건이 발생한 것이다.

이 사건에는 크게 두 가지 요인이 있었던 것으로 알려져 있다. 하나는 대전자령전투에서 획득한 전리품을 분배하는 과정에서 갈등이 있었다는 것이다. 대전자령전투는 동경성에 이어 일본군을 크게 무찌른 전투였다. 총사령관 이청천의 인솔하에 왕청현으로 이동하던 독립군은 일본군의 이동정보를 입수, 1933년 6월 중국군과 함께 대전자령 계곡에 매복했다가 이를 통과하던 일본군을 공격해 대승을 거두었던 것이다.

대전자령전투는 일본군 반총飯塚연대를 거의 섬멸시킨 전투였다. 이 때 많은 전리품을 획득했는데, 이를 분배하는 과정에서 양측에 불화가 생겨났다. 채세영은 한국독립군을 구국군에 합류시키거나 독립군 무장의 반수 이상을 자신에게 넘기라는 등 무리한 요구를 해왔고, 독립군이 이를 거절하자 한국독립군이 친일부대라고 중상모략을 했다고 한다.

다른 하나는 공산주의자들의 음모 때문이었다는 주장이 있다. 대전자령전투 이후 빚어진 양측의 갈등을 기회로 민족주의 계열의 한국독립군을 붕괴시키려는 음모가 있었다는 것이다. 내용인즉 중국공산당 만주성위원회 서기이면서 오의성부대의 참모로 있던 주보중이 바로 그러한 의도를 품고 양측 사이에 갈등이 빚어지자 이를 틈타 오의성의 명령을 빙자해 벌인 일이라고 한다.

그러나 이 사건은 곧 수습되었다. 중국 구국군 장교회의에서 조사한 결과 오의성이 주보중의 음모임을 알게 되어 오해가 풀린 것이다. 오의성은 주보중을 비롯한 공산주의자들을 축출하는 한편, 체포·구금한 한국독립군을 모두 석방했다. 이로써 사건은 일단락되었지만, 이를 계기로 한국독립군과 중국 구국군 사이의 연합은 깨지고 말았다.

뿐만 아니라 이 사건은 한국독립군과 한국독립당이 해체되는 계기가 되었다. 중국 구국군의 오해가 풀리면서 독립군이 모두 풀려났지만, 석방과 더불어 독립군의 장정 대부분이 구국군의 포위망을 벗어나 각지로 흩어져버린 것이다. 대원들이 사방으로 흩어지면서, 한국독립군은 군대로서의 조직을 더 이상 유지할 수 없는 상태가 되었다.

또 무장조직이 붕괴되면서 한국독립당을 비롯한 나머지 인사들도 생명을 보존하는 문제가 시급해졌다. 당시 일본군과 만주군이 추계대공세를 벌이고 있었다. 그리고 밀정들이 제멋대로 날뛰고 공산주의자들과의 대립도 끊이지 않았다. 여기에 마적단과 토비들도 커다란 위협이 되었다. 한국독립당의 대표인 홍진조차도 산시역 근처의 항일마적단이 있는 산 속에 들어가 몸을 숨겨야 하는 실

한국독립군이 중국군과 연합해 일본군과 격전을 벌였던 대전자령

정이었다.

이와 같이 한국독립군이 어려운 상황에 처해 있을 때, 임시정부의 김구로부터 중국 관내로 이동하라는 제의가 왔다. 김구는 윤봉길 의거 이후 장제스의 지원을 받아 낙양군관학교에 한인군관학교를 설립하고, 한인청년들을 군사간부로 양성하려는 사업을 추진하고 있었다. 한국독립군의 총사령관 이청천을 교관 책임자로 하고, 한국독립군을 비롯한 만주지역의 한인청년들을 입교시켜 훈련한다는 계획이었다. 이러한 계획을 가지고 한국독립군의 관내 이동을 제의한 것이다.

김구의 제의는 관내에 들어가 있던 파견원들이 전해왔다. 한국독립군에서는 임시정부에 인력의 보급과 지원을 요청하기 위해 이규채·오광선·신숙 등을 파견한 일이 있었다. 이들이 남경에서 김구의 참모역할을 하던 박찬익을 만났고, 이규채는 김구에게서 관내이동에 필요한 경비로 받은 4천 원과 함께 이러한 제의를 이청천에게 전달했다.

김구의 제의를 받은 한국독립군과 한국독립당은 중국 관내로 이동하기로 결정했다. 총사령관 이청천은 김창환·오광선·최용덕·김관오·공진원 등의 간부와 낙양군관학교 입학지원자를 포함하여 39명을 데리고 남경으로 향했다. 독립군에 이어 독립당도 떠났다. 역시 중동선 철도 연변에 잠복해 있던 한국독립당 간부들도 집행위원장 홍진과 함께 관내로 이동했다.

이로써 북만주와 동만주 일대를 중심으로 활동하던 한국독립당과 한국독립군의 존재는 사라지게 되었다. 당과 군의 간부들이 중국 관내로 이동한 것이다. 1931년 11월 한국독립당의 당군으로 편성되어 북만주와 동만주 일대에서 중국군과 함께 대일항전을 전개했던 한국독립군은 2년여 만에 사실상 해체되고 말았다.

한국광복군을 창설하고 기반을 마련하다

임시정부를 찾아 고난의 대장정

임시정부를 찾아

한국독립군과 한국독립당이 중국 관내로 향했지만, 황학수는 이들과 함께 행동하지 못했다. 당시 그는 모병의 임무를 띠고 관할 군구를 돌아다니며 병력을 모집하는 활동을 하고 있었다. 황학수가 한국독립군이 중국 관내로 이동한다는 소식을 들은 것은 오상현 사하자에서였다. 오상현은 길림과 하얼빈의 중간위치로 한국독립군의 주력이 있던 동만주와는 멀리 떨어져 있었다. 이곳은 옛 신민부의 관할구역이었고, 그가 개척해 한국독립군 군구를 설치한 곳이기도 했다.

황학수에게 그 소식을 전해준 것은 오광선이었다. 오광선은 서간도에 있던 신흥무관학교를 졸업한 인물로, 당시 한국독립군 제1단 제1영장으로 활동하고 있었다. 황학수를 만난 오광선은 임시정부로 파견되었다가 김구의 제의를 받고 올라오던 이규채로부터 들은 이야기, 그리고 한국독립군이 무장해제 당했다는 소식을 전해주었다.

황학수는 이 이야기를 듣고, 모병 활동을 중단했다. 당시 그의 사정을 정확하게 알 수는 없지만, 그도 신변의 위협을 느끼고 있었던 것 같다. 회고록에서는 모병 활동을 중지하고, 이탁과 함께 오상현 충하에 있는 중국인 토옥土屋으로 들어가 은거했다고 기술하고 있다. 이탁은 그와 함께 서로군정서를 재건해 집행위원장을 맡았던 인물로, 만주지역의 대표적 독립운동가 중 한 사람이었다. 한국독립군과 함께 이동할 방도를 찾지 못한 채 은거할 수밖에 없었던 것이 당시 황학수가 처한 상황이었다.

이 무렵 만주지역의 정세는 더욱 악화되고 있었다. 만주국 성립 이후 일본군과 만주국 군대가 대규모 토벌작전을 전개하면서, 중국군과 한국독립군에게 커다란 피해를 입히며, 일본군의 세력범위를 크게 확대시켜간 것이다. 특히 북만주 일대는 동만주보다 더 심했다. 일본군과 만주국 군대의 근거지가 장춘에 있었고, 이를 중심으로 하얼빈을 비롯한 북만주 일대를 장악한 것이다.

한인들에게 일본군과 만주군은 커다란 위협이 되었지만, 이보다 두려운 존재가 또하나 있었다. 중국군 패잔병들이었다. 일본군에게 패한 이들은 한인들을 일본의 밀정으로 오해하고 있었다. "당시 중국병은 조선인만 보면 일본군의 밀정으로 보고 함부로 살상하고"라는 데서 짐작할 수 있듯이, 중국군의 패잔병들은 한인들을 일제의 주구로 오해해 살육과 약탈을 자행했다. 그 와중에 만주의 대표적인 지도자였던 여준이 오상현에서 중국군에 의해 살해되었다.

황학수가 처한 상황도 이와 다를 바 없었다. 더욱이 독립군이 해산되면서 믿고 의지할 기반도 없어져버렸다. 위협이 되는 것은 중국군 패잔병뿐만이 아니었다. 일제의 밀정들도 위험하기 그지없는 존재였다. 그리고 상황이 어렵게 되면서 많은 한인들이, 때로는 독립운동의 지도자 위치에 있던 인물들마저 일제에 투항하고, 이들이 나서서 귀순을 종용하기도 했다.

황학수와 이탁에게도 유혹의 손길이 뻗쳤다. 한번은 그가 은거하고 있는 곳에, 함께 활동했던 청년이 찾아와 투항을 종용하면서 "승낙만 하시면 통행증과 여비를 보내주겠다"고 했다. 황학수는 그 청년을 크게 질책해 내쫓았지만, 이제 그의 은거지까지 일제에 노출된 상태나 다름없었다. 청년이 일제 경찰을 데리고 오지 않은 것만도 천만다행으로 여겨야 할 판이었다. 이탁이 자기의 본가가 길림성 근처에 있다며 함께 몸을 피하자고 했다.

황학수는 이탁과 함께 그동안 은거하던 오상현 충하를 출발했다. 도중에 관전에 이르러 옛 정의부 군인들의 영농지를 찾아갔다. 비교적 안심할 수 있는 곳이라 여겼기 때문이다. 그러나 이곳도 사정은 크게 다르지 않았다. 마을 청년들이 환대는 했지만, "지금은 예전과

황학수의 오랜 동지 이탁

달라 일본영사관하에서 민회를 조직해야만 생활할 수 있다"고 하면서, 이곳에 남아 자신들을 지도해달라고 요청한 것이다.

황학수는 놀라지 않을 수 없었다. 일본의 세력이 미치지 않은 곳이 없다는 사실도 그렇고, 또 독립운동의 기반이 크게 와해되었다는 점도 그랬다. 그는 만주에 미련을 갖고 있었지만, 더 이상 만주에서 활동하기가 어렵다는 결론을 내렸다. 이제 그가 찾아갈 곳은 임시정부였다. 그는 이탁과 헤어져 홀로 임시정부를 찾아가기로 했다.

고난의 여정

황학수는 10여 년 전에 왔던 길을 되돌아가고 있었다. 1920년 말 상해의 임시정부를 떠나 북경을 거쳐 만주로 향했던 그의 발걸음이, 10여 년이 지난 지금에는 아이러니하게도 거꾸로 만주를 떠나 다시 임시정부를 찾아가는 발걸음으로 바뀌게 된 것이다. 김학소를 찾아 만주로 왔던 그의 여정도 쉽지 않았지만, 만주에서 임시정부를 찾아가는 길 또한 녹녹치 않았다.

황학수는 우선 북경으로 향했다. 북경은 중국 관내로 가기 위해 통과해야 하는 곳인데, 이곳이 임시정부와 만주를 연결해주는 중간거점이기도 했다. 그리고 한국독립당과 한국독립군이 향했던 곳도 바로 북경이었다. 만주를 출발한 한국독립당 위원장 홍진과 한국독립군 총사령관 이청천도 일단 북경에 도착하여, 이곳에서 다시 관내로 이동했다.

이탁과 헤어진 후, 황학수는 혼자서 관전을 출발했다. 중국 농민으로 변장하고, 영구를 거쳐 북경에 이르렀다. 그러나 북경 시내로 곧바로 들어가지 못했다. 일제의 경계망도 염려가 되었고, 또 다 헤진 농민복을 입고 시내에 들어가 투숙할 데가 마땅치 않았다. 그는 정안문 밖에 있는 중국인 가게에서 머물며, 낮 시간을 이용해 시내에 들어가 만주에서 이동한 한국독립당과 한국독립군을 수소문했다.

그러나 동지들의 행방을 쉽게 찾을 수 없었다. 이 과정에서 신분이 노출돼 오히려, 일제 경찰의 추적을 받게 되었다. 급기야 머물고 있던 중국인 가게에 일제 경찰이 찾아오자 그는 북경에서 동지들을 찾는 일을 포기했다. 그리고 전에 수원성 방면에 한인들이 많이 거주하고 있다는 것을 들은 일이 떠올라, 발걸음을 수원성 포두로 향했다.

수원성 포두는 북경에서 북서쪽 방향에 있었다. 임시정부를 찾아가기로 작정한 황학수가 포두로 방향을 튼 것은 쉽게 이해가 되지 않지만, 황학수는 회고록에서 “내몽고를 통과하지 아니하고서는 임시정부에 갈 수 없음으로”라고 하여, 내몽고지역을 통과해야 임시정부에 갈 수 있는 것으로 서술했다. 당시 임시정부는 윤봉길 의사의 홍구공원 의거 직후 상해를 떠나 항주에 가 있었고, 임시정부의 주요 인사들은 항주·가흥·남경 등지에 분산되어 있었다. 이들 도시는 북경에서 보면 방향이 남쪽이었다.

포두는 북경과 철로로 연결되어 있었다. 북경에서 장가구·대동을 거쳐 포두에 이르는 경수철로가 1922년에 개통되어 있었던 것이다. 그러나 황학수가 포두로 가는 길은 간단치 않았다. 그의 수중에 남은 돈이라고는 3원밖에 없었다. 수원성 포두는 황하강 상류에 위치한 도시로, 내몽고지역이었다. 그는 추운 겨울에, 여비 3원으로 북경에서 포두까지 갔다. 노숙을 하며, 대부분을 걸어서 가는 고난의 행군이었다.

간신히 포두에 도착했지만, 그를 맞아주는 사람은 아무도 없었다. 한인들이 사는 곳을 찾기도 어려웠다. 더욱이 포두는 중국인과 몽고인들이 섞여 사는 도시로 이곳 사람들은 외국인과는 좀처럼 접해본 적도 없었다. 북경에서 포두까지 먼 길을 고생고생하며 왔지만, 그가 의지할 곳이라고는 아무 데도 없었다.

황학수는 사막을 통과하기도 하고, 끝없이 펼쳐진 초원지대를 거쳐 천신만고 끝에 포두에 도착했다. 하지만 자기 몸 하나 의지할 데 없었다. 임시정부를 찾아갈 묘안도 떠오르지 않았다. 황학수는 극심한 절망에 휩싸였고, 황하에 빠져 죽을 생각까지 했다. 군인 출

만주에서 북경을 거쳐 도착한 내몽고의 포두 시가지(위), 취덕성 반점(아래). 당시 환영대회가 열렸다는 취덕성 반점이 이 곳인지는 확실치 않다.

신인 그가, 더욱이 만주에서 10여 년 이상 독립군으로 활동한 그가 스스로 목숨을 끊을 작정을 한 것은 당시 그가 얼마나 큰 고통을 겪고 절박한 상황에 처해 있었는지 미루어 짐작할 수 있다.

그러나 그는 죽지 않았다. 황하에 빠져 죽을 생각으로 포두성의 남문을 통해 황하로 가려던 그가 무슨 생각에서인지 서문으로 방향을 틀었고, 거기서 평안도 의주 출신의 한인동포를 만난 것이다. 길가에서, 우연히 만난 의주 출신의 한인동포가 그를 살린 것이나 마찬가지다.

내몽고 포두에 이르러 죽음을 생각하다

황학수는 의주 사람을 만나 삶의 희망을 찾았다. 그리고 포두지역에 사는 한인들의 소식을 들을 수 있었다. 이곳에 적지 않은 한인들이 한인촌을 형성하며 살고 있을 뿐만 아니라, 이들은 중국 관내에 있는 임시정부와 일정한 관계를 맺으며 활동하고 있다는 중요한 사실도 알게 된 것이다.

내몽고지역은 독립운동기지로 주목을 받던 곳이다. 1920년대 초반 중국에서 활동하던 인사들이 내몽고지역에 독립운동기지를 건설하려 한 적이 있다. 북경에서 활동한 김창숙이 대표적인 인물로 그는 이 지역을 관할하는 중국의 군벌 풍옥상과 교섭해 포두 등지의 황무지를 이용해도 된다는 허락을 받고, 이에 필요한 자금을 마련하기 위해 국내에 들어가 모금 활동을 전개했다. 그러나 충분한 자금을 마련하지 못해 그의 계획은 수포로 돌아갔다.

박용만 또한 내몽고에 독립운동기지 건설을 추진했다. 북경을 중심으로 군사활동에 주력하면서 내몽고지역에서 둔전병을 양성한다는 계획을 세운 것이다. 그는 펑위샹에게 "내몽고에 둔전병을 두는 것은 공산주의의 남하를 막는 데 유용하다"는 취지로 설득해, 승낙을 받아냈다. 그러나 1924년 말 국내에 들어왔다가 일본 총독을 만나 타협했다는 소문이 퍼지면서, 그의 계획은 좌절되고 말았다.

김창숙과 박용만은 실현하지 못했지만, 서간도지역에서 활동하고 있던 인사들이 내몽고로 이주해 독립운동기지를 건설했다. 조병준을 중심으로 한 서간도의 민국독립단과 광복군 참리부 계열의 인사들이 그들이다. 평북 의주 출신인 조병준은 유학자로서 많은 제자들을 양성했고, 국내에서 유인석 의병에 호응하여 의병항쟁을 전개했던 인물이다. 그는 의병 출신과 제자, 그리고 의주 출신들을 기반으로 서간도지역에서 민국독립단·광복군참리부 등을 조직해 활동하고 있었다.

이들은 경신참변을 겪은 후, 새로운 독립운동기지를 찾고자 했다. 새로운 독립운동기지를 물색하는 일은 임시정부의 안창호와 상의한 것 같다. 조병준은 임시정부와 긴밀한 관계를 맺으며 활동하고 있었다. 특히 안창호가 주도한 연통제의 평북독판부 독판을 맡기도 하고, 제자인 김승학을 안창호에게 보내 독립운동과 관련된 문제들을 협의하기도 했다. 안창호는 새로운 독립운동기지로 포두를 지정하고, 이주자금도 마련해 주었다.

조병준을 비롯해 서간도지역에서 활동하던 인사들이 포두로 이주한 시기나 과정에 대해서는 구체적으로 알려져 있지 않다. 단지 조병준과 관련한 기록이나 그 후손들의 회고록 등에서 간략하게 언급되고 있을 뿐이다. 이에 의하면 조병준은 1923년 11월경, 10여 가구 80여 명을 인솔하고 포두지역으로 이동했다. 일행 중 일부는 포두 시내에 거처를 마련하고, 나머지 인원은 조병준의 인솔하에 포두에서 서쪽으로 120킬로미터 정도 떨어진 중탄의 색등호로두라는 곳에 정착했다고 한다. 이들은 중국 정부의 알선으로 내몽고 서공기에서 25경(약 60만 평)에 이르는 땅을 15년 기한으로 빌려 이를 개간하고 이곳에 생활터전을 마련했다. 이로써 포두지역에 한인촌이 형성되었다.

황학수는 의주 출신의 한인동포를 만나 이들에 대한 소식을 들었다. 그리고 이들이 거주하는 한인촌을 찾아 갔다. 조병준 일행은 황무지를 개척해 배달농장이란 이름을 붙이고, 배달소학교를 설립했으며, 단군과 고구려 태조 주몽·조선의 충신인 임경업을 모시는 제단을 만들어 놓고 생활하고 있었다.

황학수가 찾아간 내몽고 포두 근처의 배달농장 유적. 건물은 모두 없어지고 밭으로 변해 있다.(위) 현재 포두 배달농장 근처에 살고 있는 조병준의 후손들(아래)

황학수가 이곳에 간 것은 대략 1934년 경이었다. 조병준 등이 내몽고 포두에 건립한 한인촌은 그 규모가 수백 명이었고, 민족의식이나 질서도 정연해 보였다. 한인촌을 형성한 후 이들은 의민부라는 단체를 조직하고 임시정부와 연계하여 활동했다고 한다. 구체적인 내용을 언급하지는 않았지만, 이주자의 한 사람이던 김승학의 저술에 "의민부를 조직해 임시정부의 직할하에 두었다. 이 농장의 수입금을 정부자금과 교통연락비로 년 2회씩 제공하는 한편"이라는 내용이 보인다. 그리고 의민부의 조직과 부서를 소개하면서 황학수의 이름을 군사부장으로 기록하고 있다.

의민부가 결성된 시기를 정확하게 파악할 수 없지만, 여러 정황으로 보면 황학수가 찾아간 이후에 조직된 것 같지는 않다. 황학수가 도착하기 전에 구성됐다고 하면, 그가 군사부장에 올라 있는 것을 어떻게 해석해야 하느냐 하는 문제가 있다. 아마도 김승학이 의민부 조직에 관여하면서, 군사전문가인 황학수를 군사부장에 천거한 것이 아닌가 생각된다. 황학수는 만주에서 3부통합운동을 추진할 때 김승학과 함께 활동한 적이 있었다.

황학수가 북경에서 발걸음을 포두로 향한 것은 이런 배경 때문인 것 같다. 임시정부를 찾아가자면 남쪽으로 가야 했는데 반대방향이나 다름없는 북서쪽의 포두를 택한 것은 노잣돈도 부족했고, 또 포두에는 한인촌이 있고 임시정부와도 연계되어 있어 비교적

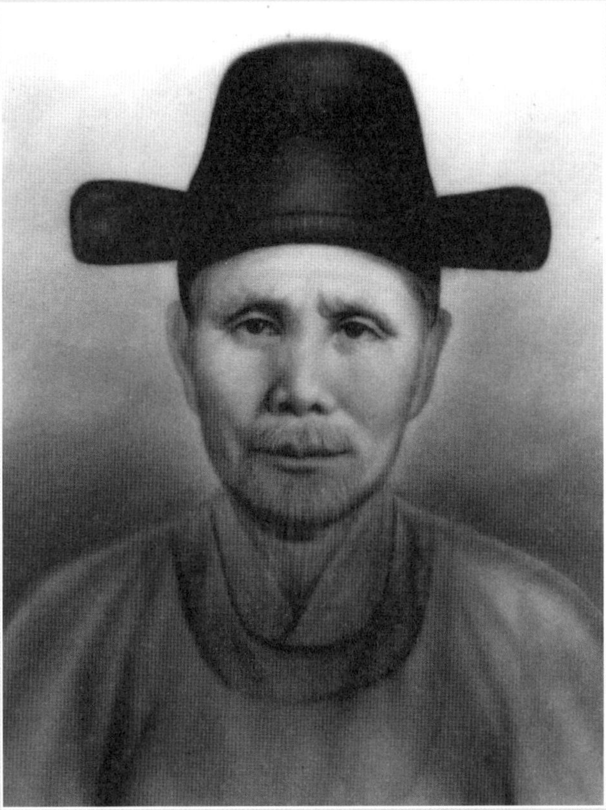

내몽고 포두 근처에 한인촌을 건설한 조병준

안전한 방법으로 찾아갈 수 있었기 때문이었다.

4년여의 장정 끝에 임시정부에 합류하다

황학수는 포두의 한인촌에서 임시정부에 대한 소식을 들었다. 임시정부는 1932년 4월 윤봉길 의사의 홍구공원 의거 직후 상해를 떠나, 항주로 이전했다. 일제가 윤봉길 의거와 관련된 임시정부 요인들을 체포하기 위해 혈안이 되어 있었기 때문에 상해를 떠나지 않을 수 없었다. 정부의 소재지는 항주에 두고, 요인들은 가흥·진강·남경 등지로 흩어져 있었다.

중국 관내로 이동한 한국독립당과 한국독립군에 대한 소식도 들었다. 이청천을 비롯한 한국독립군은 북경에서 낙양으로 가 군관학교에 입학했고, 홍진을 비롯한 한국독립당은 남경으로 내려갔다. 그리고 이들은 남경에서 신익희가 주도하고 있던 한국혁명당과 합당, 1934년 2월 신한독립당을 결성해 활동하고 있었다.

황학수는 다시 임시정부와 동지들을 찾아 남쪽으로 향했다. 그가 포두를 떠난 시기를 정확히 알 수 없으나, 정황을 종합해보면 1937년 초였던 듯하다. 황학수는 포두의 의민부가 임시정부와 취하는 연락망을 통해 이동한 듯하다. 포두를 출발한 후 그가 도착한 곳은 대동이었고, 그곳에서 이동필을 찾았다. 이동필은 한국인으로,

본명이 이자해였다. 그는 의사로, 중국군 제18기병연대 야전병원장으로 있으면서 임시정부와 연계해 활동하고 있었다. 임시정부와 포두의 의민부 사이에 중간거점이자 연락처 역할을 하고 있었던 것이다.

황학수는 대동에서 상당 기간 머물렀던 것 같다. 이자해가 그를 중국 육군기병 제3사단장인 진성덕에게 소개했고, 진성덕은 그에게 함께 활동하자고 종용했던 것이다. 황학수는 그의 요구가 무리하다고 판단되어 깊게 관여하지 않았다. 이 무렵 일제가 노구교사건을 일으켜 중국대륙을 침략하는 중일전쟁을 도발했고, 북경을 점령한 후 대동으로 진격해 왔다.

황학수는 오원을 향해 떠났다. 그곳에 있는 마점산부대를 찾아가려는 것이었다. 그런데 도중에 뜻하지 않은 변을 당했다. 안북현을 지나던 중 진지를 범했다는 이유로 중국군에게 체포된 것이다. 황학수는 일본군 정탐으로 오해를 받았고, 중국군측에서는 그를 총살하려고 했다. 철창에 갇힌 그는 군장에게 서한을 보냈고, 다행히 오해가 풀려 석방되었다고 한다.

곤욕을 치른 후, 황학수는 오원에 도착해 마점산을 방문했다. 마점산은 만주의 마적단 출신으로, 흑룡강성을 근거로 활동한 중국의 군벌이다. 중일전쟁이 발발한 후 중국국민당 정부로부터 동북정진군 총사령에 임명되어 오원에 주둔하고 있었던 것이다. 마점산은 그를 반갑게 맞아주었다.

마점산은 만주의 사정에 밝았고, 한국독립군이 활동한 사실도 잘 알고 있어 그의 환대는 극진했다. 거처할 장소를 마련해주고 호위병 2명까지 보내주었다. 또한 마점산은 황학수에게 이곳에 머물며 동북정진군의 고문으로 있어달라는 요청을 했지만, 황학수는 임시정부를 찾아가야 한다며 거절했다.

그가 마점산 부대와 함께 오원에서 사막을 지나 부곡으로 이동하는데, 남경에 있는 동지들에게서 연락이 왔다. 황학수는 마점산에게 후한 여비와 호송을 받으며 남쪽으로 향했다. 그리고 유림을 거쳐 마침내 호남성 장사에 도착했다.

그가 내려가는 사이 임시정부는 장사로 이동해 있었다. 1937년 11월 일본군이 남경을 공격해 점령하고, 이른바 남경대학살을 자행했다. 이로 인해 남경에서 활동하고 있던 여러 독립운동 세력과 인사들은 피난을 떠나지 않을 수 없었다. 이들은 항주에서 진강으로 와 있던 임시정부와 함께 목선을 타고 양자강을 따라 그해 12월 20일 장사로 이동했다. 이로써 임시정부가 장사에 소재지를 두게 되었다.

장사에 도착하면서, 그의 긴 여정과 고난의 행군은 끝이 났다. 그가 장사에 도착한 시기는 대략 1938년 초였다. 그가 임시정부를 향해 만주를 출발한 것이 1934년 초였으니, 약 4년여의 시간이 걸린 셈이다. 그는 북만주 오상현을 출발해 관전, 영구, 북경, 내몽고 포두, 대동, 안북, 오원, 부곡, 유림 등지를 거쳐 장사에 이르렀다. 그야말로 대장정이 아닐 수 없었다.

임시정부에서는 그를 반갑게 맞아주었다. 정부의 요인들과 여러 동지들이 환영회를 베풀어 그의 대장정을 위로하고, 귀환을 환영해주었다. 당시 임시정부의 주석은 이동녕이었다. 임시정부에서는 1927년 헌법을 개정해 집단지도체제인 국무위원제를 채용했고, 국무위원 가운데 한명을 주석으로 선출해 회의를 주관하도록 했다. 그 주석이 바로 이동녕이었다. 이동녕은 임시정부 인사들을 모아 축하연을 베풀고 황학수의 귀환을 축하했다.

이로써 황학수는 고대하던 임시정부에 합류했다. 1920년 말 임시정부를 떠났다가 1938년에 다시 임시정부로 돌아온 것이다. 17년여 만의 귀환이었다. 떠난 곳은 상해였지만, 귀환할 때는 장사였다. 이후 황학수는 해방을 맞아 환국할 때까지, 임시정부와 함께 활동했다.

한국광복군으로 활동

임시정부의 군사정책에 관여하다

황학수가 임시정부에 합류했을 무렵, 임시정부는 전시체제를 갖추는 일에 주력하고 있었다. 중일전쟁이 발발한 지 1주일여 만인 1937년 7월 15일, 국무회의에서 군무부에 군사위원회를 설치하기로 결정했다. 그리고 다음날 유동열·이청천·이복원·현익철·김학규·안공근 등 6명을 위원으로 선임, 군사위원회를 발족시켰다.

군사위원회는 중일전쟁이라는 상황에 대응하기 위해 특별히 설립한 것이고, 여기서 임시정부의 군사계획 및 활동에 대한 전반적인 문제들이 다루어졌다. 구성원은 모두 만주와 연해주 일대에서 독립군을 조직 운영하면서 일제와 대일항전을 벌였던 군사간부들이었다. 군사전문가들에게 군사정책과 활동이 맡겨진 셈이었다.

황학수도 군사위원회에 참여해 활동하게 되었다. 황학수는 1938년 7월 나태섭과 함께 새로이 군사위원회 위원으로 임명되었다. 이를 계기로 황학수는 다시 임시정부에서 활동하기 시작했다. 황학수는 17년여 만에 다시 임시정부에 참여했고, 예전과 변함없이 군사 부문을 담당했다. 17년 전에는 군무부 국장으로, 또 육군무관학교 교관으로 군사간부를 양성했는데 이제는 군사위원회 위원으로 정부의 군사정책과 계획을 수립하고, 이를 추진하게 된 것이다.

군사위원회는 임시정부가 추진할 군사계획을 수립하면서, 장교의 양성과 군대의 편성을 우선적 과제로 삼았다. "속성군관학교를 설립해 최단기간 내에 우선 1기로 초급장교 2백 명을 양성하고, 기본군대로 1개 연대를 편성한다"는 것을 기본방침으로 설정한 것이다. 시급하게 장교를 양성하고 최소 1개 연대를 편성해, 대일전쟁을 수행한다는 계획이었다.

그러나 이 계획을 추진하기도 전에 임시정부는 피난길을 떠나야 했다. 일본군이 임시정부가 있는 장사를 공격해 온 것이다. 황학수도 임시정부와 함께 1938년 7월 장사를 떠나 광동성 광주로 이동했고, 여기서 광주 교외에 있는 남해현성의 불산이란 곳으로 옮겨갔다. 2달도 안 돼 광주도 공격을 받게 되어, 다시 피난길에 올랐다. 광주의 주강에서 배를 타고 강을 거슬러 올라가 광서성 유주를 거쳐 1939년 5월 사천성 기강에 도착했다. 장사를 떠난 지 10여 개월 동안 일본 공군기의 기습을 받으며 피난해 온 것이다.

기강에 도착하면서 임시정부는 안정을 찾을 수 있었다. 기강은 중국 정부가 임시수도로 정한 중경에서 남쪽으로 1백여리 정도 떨어진 조그만 도시로, 비교적 안전한 지역이었다. 임시정부는 이곳에서 흐트러진 진용을 재정비, 임시정부가 추진할 독립운동의 종합적이고 구체적인 계획을 확립했다. 1939년 11월 국무회의에서 결정한 '독립운동방략'이 그것이다.

독립운동방략의 핵심은 군사 양성과 독립전쟁 수행이었다. "임시정부의 활동능력과 전투력은 반드시 조직적으로 훈련받은 영용한 무장독립군을 통해서만 존재할 수 있으며 일제와 직접적인 독립전쟁을 개시해 광복을 완성한다"는 전제하에, 이를 위한 구체적인 계획을 수립한 것이 독립운동방략이었다.

독립운동방략은 군사양성과 독립전쟁 수행에 대한 3개년 계획이 중심을 이루고 있다. 구체적으로는 1940년을 1기, 1941년을 2기, 1942년을 3기로 나누어, 각 기마다 장교·무장군·유격대 양성의 목표를 설정하고, 이를 실현하는 방법을 세웠다. 3개년 계획이 완료되면 양성된 장교가 1천 2백 명, 무장군이 10만 명, 유격대원 35만 명에 이른다고 했다. 그리고 이러한 역량을 갖게 되면, 그 결과는 "최악의 경우라도 적을 관외로 몰아내게 될 것이고, 그렇지 않으면 동삼성에 적의 발길을 끊게 할 것이며, 최상의 경우 한국 국경내에서 적군경을 쫓아낼 수 있을 것으로 기대하고 있었다.

이러한 군사계획은 국내·만주·노령·미주 등지에 있는 모든 한국민족을 대상으로 삼아 동삼성과 국내에는 교통선을 시설해 3개

년 계획을 추진하고, 국내로 적절한 인재를 파견해 대중운동의 강화와 호응을 실시한다는 방침이었다. 그리고 노령에는 사람을 보내 장교의 징집·무기 공급·군사근거지 마련 등을 강구하고, 미국·멕시코·하와이의 교포들에게는 모금운동을 전개해 재정을 마련한다고 했다.

당시 임시정부의 현실에 비출때 '독립운동방략'은 원대한 계획이었다. 그러나 임시정부가 국내·만주·노령·미주 등지의 전한국민족을 총동원해 일제와 직접적인 독립전쟁을 수행하고, 이를 통해 조국광복을 달성한다는 계획을 수립했다는 그 자체가 중요한 의미를 지닌다. 계획대로 실행되지 못했지만, 독립운동방략은 임시정부 군사정책의 근간이 되었고, 후에 임시정부가 한국광복군을 창설하는 데 견인차 역할을 했다.

군사특파단으로 서안에

황학수는 군사위원회 위원으로 임시정부의 군사 계획을 입안하고, 또 그 계획을 추진해 나갔다. 당시 임시정부에는 만주에서 독립군을 조직해 활동했던 군사전문가들이 참여하고 있었지만, 그 숫자는 많지 않았다. 이들이 군사활동에 대한 계획을 수립하고 추진하는 일까지 맡아야 했다.

기강에 도착한 후 임시정부는 군대를 편성해 대일전쟁에 참전하려는 목표로 한국광복군의 창설을 추진했다. 군대를 편성하기 위해서는 무엇보다도 병력이 될만한 한인청년들이 있어야 했다. 그러나 기강이나 중경에 한인청년들이 있을 리가 없었다. 그들의 그림자조차 찾을 수 없는 게 현실이었다.

한인청년을 모집하는 일, 즉 병력을 확보하는 것이 광복군을 창설하는데 우선적으로 해결해야 할 과제였다. 병력을 모집하는 방안으로 마련한 것이 군사특파단이었다. 한인청년들이 거주하는 곳에 군사특파원을 파견하고, 이들로 하여금 한인청년들을 모집한다는 것이었다. 당시 중국 각지에는 적지 않은 한인들이 이주해 있었다. 이들이 있는 곳을 찾아가, 그곳에 있는 한인청년들을 대상으로 병력을 모집하고자 한 것이다.

중일전쟁 이후 중국 대륙에는 한인들이 급격히 증가했다. 우선 중국 전선에 배치되어 있던 일본군 안에는 적지 않은 한인사병들이 포함되어 있었다. 이들 중 상당수가 "일본군을 탈출해 독립운동에 참여하려 한다"는 정보가 임시정부에 접수되기도 했다. 이뿐만 아니라 일제는 중국 대륙을 침략한 후 그 점령지역에 한인들을 이주시키는 식민정책을 추진했고, 이에 의해 1940년을 전후해 화북지역 일대에 약 20만 명에 달하는 한인들이 거주하고 있었다. 임시정부는 한인들이 이주해 있는 지역에 특파원을 파견해 병력을 모집

황학수가 머물던 기강의 거주지(상승가 33호). 차리석, 김학규와 이곳에 머물렀다.

한다는 계획을 세웠고, 1939년 10월 1일 국무회의 결의로 군사특파단을 설치했다. 군사특파단은 조성환을 주임위원으로 하여, 황학수·나태섭·이준식으로 구성되었다. 조성환은 당시 군무부장으로서, 군사위원회의 책임자였다. 그리고 황학수를 비롯한 나태섭·이웅(이준식)은 모두 군사위원회 위원들이었다. 군무부장이 책임자가 되고, 임시정부의 군사정책을 추진하는 군사위원들로 군사특파단을 구성한 것이다.

황학수는 1939년 10월 단장 조성환과 특파원 세명, 그리고 청년 공작원들과 함께 섬서성 서안으로 출발했다. 당시 서안은 화북지역을 점령한 일본군과 최전선을 이루던 곳으로, 20여 만의 한인이 이주해 있는 화북지역을 대상으로 병력을 모집할 수 있는 전략적 요충지였다. 동시에 중경에 위치한 임시정부로서는 화북지방과 만주지방으로 나아가는 전진기지로서 적절한 곳이기도 했다.

황학수는 군사특파단원으로 최전방인 서안에서 활동했다. 서안에 도착한 군사특파단은 서안성 안에 있는 통제방이란 곳에 판사처를 설치했다. 이로써 서안에 임시정부의 군사교두보가 마련되었다. 서안은 중경에서 동북쪽으로 2천여 리 떨어진 곳이다. 이후 임시정부의 정치적인 일은 중경에서, 군사적인 활동은 서안에서 이루어지게 되었다.

군사특파단이 서안에 거점을 마련하고 활동을 시작하면서 많은

군사특파단의 사무소를 설치했던 서안의 통제방 거리

한인청년들이 군사특파단에 참여했다. 중국중앙육군군관학교를 졸업하고 중국군 장교로 복무하고 있던 한인청년들이 중국군을 제대하고 들어 온 것이다.

이외에 현지에서 참여해온 경우도 있었다. 산서성의 군관학교를 졸업하고 중국군 중교(중령에 해당)로 복무하고 있던 이석화, 사천성 성도군관학교를 졸업하고 서안의 양호성부대에 복무하고 있던 김자동 등이 찾아왔다. 그리고 사천사범학교 출신인 김광을 비롯해 이영여·이건우 등의 청년들이 참여하기도 했다.

많은 한인청년들의 참여로 군사특파단은 활기를 띠게 되었다. 황학수는 이 청년들을 중심으로 초모활동을 전개하기 시작했다. 초모활동은 병력을 모집하는 활동을 말하며 크게 세 단계를 거쳐야 했다.

우선 군사특파원을 일본군 점령지역에 잠입시키는 것이고, 둘째 단계는 그곳에 이주해 있는 한인청년들을 만나 포섭하는 일이며, 셋째 단계는 포섭한 한인청년들을 일본군 점령지역에서 서안으로 데리고 나오는 것이었다.

일본군 점령지역에서 이루어지는 초모활동은 일종의 비밀지하공작으로 많은 위험이 뒤따랐다. 하지만 이것이 병력을 모집할 수 있는 거의 유일한 방법이었고, 이러한 활동을 통해 병력을 확보했다. 황학수는 우선 중국군 제2전구 사령관인 염석산과 교섭해 군사특파단의 활동에 대한 협조를 얻었다. 그리고 1940년 6월 이준식을 주임으로 하여 노태준·안춘생·김광·서파·이영여 등을 일본군 제41사단이 주둔하고 있던 산서성 임분현으로 파견했다. 이로써 화북지역의 일본군 점령지역에 이주해 있는 한인청년들을 대상으로 한 초모활동이 시작되었다.

한국광복군의 창설

황학수가 군사특파단과 함께 서안에서 초모활동을 전개하고 있을 때, 중경에서 한국광복군이 창설되었다. 임시정부는 기강에 도착하면서, 광복군의 창설을 추진하기 시작했다. 수립 직후 군대를 편성해 일본과 직접적인 독립전쟁을 전개한다는 군사정책을 수립했지만, 그동안 실행하지 못하다가 중일전쟁 발발 후 정세의 변화, 그리고 비교적 안전지역인 기강에 도착하면서 이를 본격적으로 추진한 것이다.

임시정부는 군사특파단을 서안에 보내 병력을 모집하는 한편, 중국 정부를 상대로 군대 창설에 대한 교섭을 전개했다. 중국 영토 안에서 군대를 편성하려면 중국 정부의 승인과 양해를 얻지 않으면 안되었다.

김구는 중국 요로에 임시정부가 광복군을 편성하여 활동하면 중국의 항일전쟁에 커다란 도움이 될 것이라는 취지의 계획서를 중국 정부에 제출했다. 이것은 중국의 한국담당자들에게 상당한 공감을 불러일으켰고, 보고를 받은 장제스는 광복군 창설을 승인했다.

광복군 창설에 필요한 재정은 주로 미주지역의 교포들에게 지원을 요청했다. 미주교포들은 대단히 적극적으로 후원하고 나섰다. 미주에서 발행된 《신한민보》의 경우는 "광복군 조직은 3·1운동 이후 처음 있는 큰 사건이니 힘이 있으면 힘을, 돈이 있으면 돈을 내라"고 하며, 적극적인 호응을 보였다. 하와이를 비롯해 미주지역에서 활동하는 여러 단체들이 재정적 후원을 보내왔다.

이러한 준비를 진행하면서, 임시정부는 광복군 창설에 따른 방법과 계획도 세웠다. 우선 상층조직인 총사령부를 구성해 광복군을 창설하고, 병력의 확보에 따라 하부조직인 단위부대를 조직해 나간다는 방침이었다. 병력이 확보되지 못한 상황에서 우선 총사령부만을 구성해 광복군을 창설한다는 것이었다. 그리고 중국육군군관학교를 졸업하고 중국군에 복무하고 있는 한인청년들을 소집해 간부로 충당하고, 병력을 모집하여 대오를 갖춘다고 했다. 당시 중국군에 복무하고 있던 한인청년들은 대략 70명 정도가 있었다.

광복군 창설에 대한 방침과 계획이 결정되고, 이에 의해 총사령

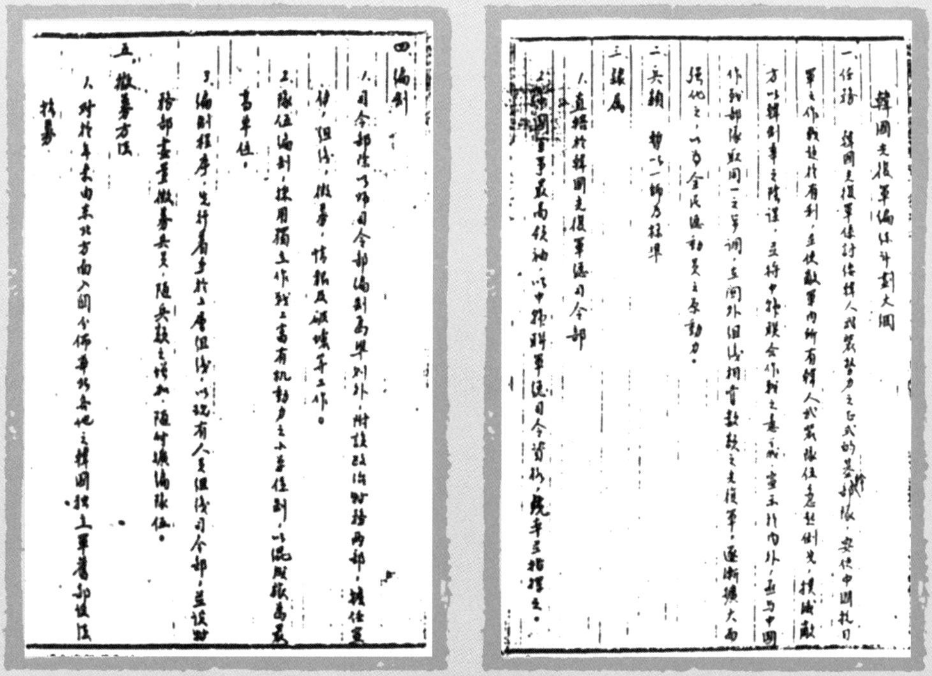

한국광복군을 창설하기 위한 계획서(한국광복군편련계획대강)

한국광복군총사령부성립 기념(1940. 9. 17 중경 가릉빈관). 당시 황학수는 군사특파단원으로 서안에서 활동하고 있었다.

부를 구성했다. 총사령부의 구성은 당시 임시정부에 참여해 활동하고 있던 군사간부들을 중심으로 이루어졌다. 총사령 이청천과 참모장 이범석, 만주독립군 출신인 공진원·김학규·이복원·이준식, 그리고 지달수·노태준 등 중국 육군군관학교를 졸업하고 중국군에 복무하고 있던 한인청년들로 총사령부를 구성한 것이다. 총사령부를 구성한 후, 임시정부는 광복군의 창군을 대내외에 선포하고, 1940년 9월 17일 한국광복군총사령부성립전례식을 거행했다.

황학수는 총사령부의 부관처장이었다. 자료에 따라 부관장·부관처장·부관이라고 되어 있지만, 일관되게 그의 직책은 부관으로 나타나 있다. 총사령부의 구성은 만주에서 활동한 한국독립군이 주축을 이루었는데 이청천과 황학수는 한국독립군에서 각각 총사령관과 부사령관으로 활약했던 인물이라는 점에서 그렇고, 처장급이던 조경한 역시 한국독립군에서 활동했다.

황학수는 총사령부성립식에는 직접 참가하지 못했다. 군사특파단으로 서안에 나가 활동하고 있었기 때문이었다. 그러나 그는 광복군을 창설하는 데 중요한 역할을 담당했다. 광복군이 창설되기 1년 전부터 군사특파단으로 최전방인 서안으로 나아가 병력을 모집했고, 이러한 활동과 성과로 광복군이 창설될 수 있었던 것이다.

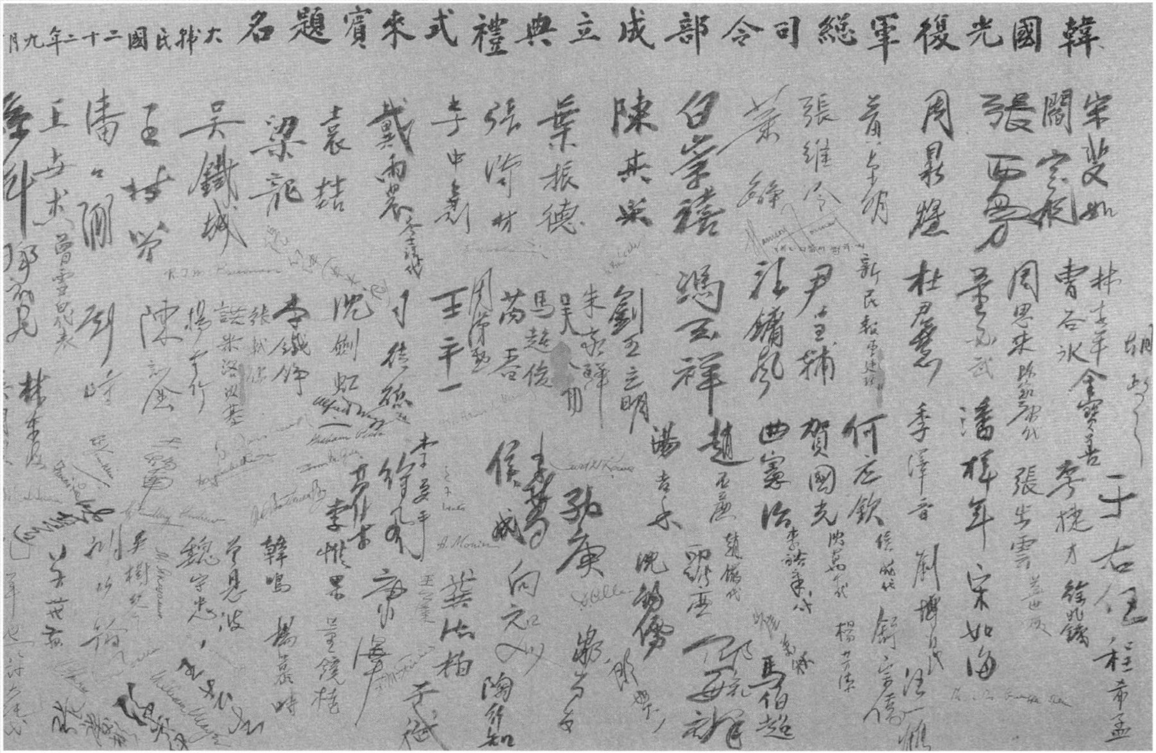

한국광복군총사령부 성립 축하식에 참가한 인사들의 서명록

총사령 대리로 서안총사령부를 이끌다

광복군 창설과 더불어 임시정부는 1940년 10월 9일 헌법 개헌을 단행했다. 정부 조직과 체제를 확대 개편하고자 한 것이다. 헌법개정의 핵심은 종래의 국무위원회제로 운영되던 집단지도체제를 단일지도체제인 주석제로 전환하고 김구를 주석으로 선임한 데 있었다. 주석제로의 전환은 주석의 위상을 국가원수의 지위로 확립하고, 국군통수권을 행사할 수 있는 강력한 영도력을 보장하기 위한 조처였다.

그리고 주석이 국군통수권자가 되었다. 임시정부는 1940년 11월 1일 대한민국임시통수부관제를 제정 공포하고, 주석과 참모총장·군무부장·내무부장을 구성원으로 한 통수부를 조직했다. 통수부는 광복군에 대한 통수권을 행사하는 기구였고, 임시정부의 주석이 최고통수권자로서 그 직권을 행사했다. 이에 따라 정부의 주석에서 광복군총사령으로 이어지는 광복군의 통수체계가 확립되었으며, 광복군은 임시정부 국군으로서의 위상을 갖게 되었다.

총사령부는 광복군이 연합군의 일원으로 대일전쟁에 참전한다는 것을 목표로 하여, 이를 실현하기 위한 당면정책을 세웠다. 군의 경비와 장비는 외국의 원조를 받되, 단기간내에 군사간부를 양성하고, 만주와 중국 각지에서 초모활동을 전개해 병력을 모집, 1년 이내에 최소한 3개 사단을 편성한다는 것이었다.

서안에서 한국청년전지공작대 대원들과 함께(1940. 11. 11) 가운데가 황학수. 그의 왼쪽은 나월한, 조성환

이를 위해서는 총사령부를 중경에 둘 수 없었다. 중경은 안전지대인 후방이었고, 이곳에서 병력을 확보할 방법이 없었던 것이다. 임시정부는 광복군의 총사령부를 서안에 설치하기로 했다. 서안은 일본군이 점령하고 있는 화북지역과 가까운 전선이었다. 화북지역 일대에는 약 20만 명에 달하는 한인들이 이주해 있었고, 이미 1년 전에 파견된 군사특파단이 서안에 군사기지를 구축하고 있었다.

총사령부를 서안에 설치하는 문제는 임시정부 국무회의에서 결정되었다. 그리고 총사령 이청천과 참모장 이범석은 중국군사당국과의 협정문제를 처리하기 위해 중경에서 활동하도록 하고, 서안에는 별도의 총사령부를 구성했다. 그 구성은 서안에 파견되어 활동하고 있던 군사특파단과 중경의 총사령부 인원이 중심이 되었다. 당시의 광복군은 서안에 있던 군사특파단과 중경에서 총사령부 성립식에 참여한 인원이 전부였다. 이들을 합쳐 서안총사령부를 조직했으니, 당시로서는 서안총사령부가 광복군의 전체였다고 볼 수 있다.

황학수가 총사령 대리로 서안총사령부를 이끌게 되었다.황학수는 1939년 10월 군사특파단으로 파견된 이래 줄곧 서안에서 활동하고 있었다. 임시정부는 서안에 총사령부를 설치하기로 결정한 후, 중경에 있는 인원들을 서안으로 보냈다. 1940년 11월 17일 중경을 출발한 이들이 11월 29일 서안에 도착했다.

서안에 설치된 한국광복군총사령부 총무처 직원 일동(1940. 12. 26) 가운데 털모자 쓴 사람은 임시정부 군무부장 조성환, 그 오른쪽이 총사령 대리 황학수

한국광복군 총사령관에 이청천, 참모장 이범석, 제1지대장 이준식, 제2지대장 공진원, 제3지대장 김학규

황학수는 이들이 도착하자 서안에 있던 군사특파단의 인원과 중경에서 온 인원들을 합류시켜 서안시내 이부가 4호에 서안총사령부를 설치했다. 이로써 황학수를 총사령 대리로 한 광복군 총사령부가 서안에 설치되었다. 서안총사령부 설치와 더불어 군사특파단은 해체되었다. 단장이던 조성환은 임시정부의 군무부장으로 선임되어 중경으로 부임했고, 황학수를 비롯한 군사특파단원들은 모두 총사령부의 간부로 임명되었다.

광복군의 초석을 세우다

서안총사령부의 최고 책임자는 황학수였다. 그의 지휘와 통솔하에 비로소 광복군의 활동이 시작되었다. 총사령 대리로서 황학수가 가장 먼저 추진한 일은 총사령부 산하의 단위부대를 편성한 것이다. 단위부대의 명칭은 지대로 했다. 지대는 중국군 편제에 따르면 독립여단 병력규모의 부대를 일컫는 것으로, 사단을 상정한 것이었다. 창설 직후 총사령부는 3개 사단의 편성을 당면목표로 설정했으므로, 황학수도 이에 따라 3개 지대를 편성했다.

각 지대는 총사령부의 인원을 중심으로 편성했다. 서안에 총사령부가 설치될 당시의 광복군의 병력은 총사령부의 인원이 전부였다. 이들을 근간으로 하여 우선 3개 지대를 편성하고, 이들이 각 지대의 창설요원이 되어 지대의 병력과 규모를 확대시켜 나간다는 방침이었다.

3개 지대를 편성하는 데에는 큰 특징이 있다. 지대장을 모두 만주에서 독립군으로 활동한 인물로 임명한 점이다. 제1지대장 이준식은 운남강무당을 졸업한 후 만주에서 정의부의 군사위원장과 조선혁명군의 군사위원장으로 활동했고, 황학수와 함께 군사특파단으로 파견되어 활동하고 있었다. 제2지대장 공진원은 한국독립군 출신이었고, 제3지대장 김학규는 신흥무관학교를 졸업하고 서로군정서 간부와 조선혁명군 참모장으로 활동한 인물이었다. 총사령 이청천과 참모장 이범석·총사령 대리 황학수도 만주독립군 출신으로, 만주독립군 출신이 광복군의 핵심을 이루고 있었다.

3개 지대를 편성한 후, 얼마 안 있어 지대가 하나 더 증설되었다. 한국청년전지공작대가 광복군에 편입하면서, 제5지대로 편성된 것이다. 전지공작대는 1939년 11월 중경에서 나월환을 중심으로 한 무정부주의 계열의 청년들이 결성한 무장조직이었다. 이들은 결성 직후 서안으로 이동해 중국군 제34집단군과 연계해 화북의 태항산 지역을 중심으로 초모활동을 전개했고, 1940년 말 1백여 명에 가까

한국광복군 제5지대 성립 기념 사진(1941. 1. 1) 황학수가 총사령대리로 활동할 때 한국청년전지공작대가 광복군에 참여하여 제 5지지대가 되었다.

운 대원들을 확보하고 있었다.

전지공작대는 군사특파단과 같은 시기에 서안으로 이동하고, 같은 목적으로 초모활동을 전개했다. 그러나 두 세력은 서로 독자적으로 활동하고 있었다. 임시정부가 광복군을 창설하고 그 총사령부가 서안에 설치된 후, 이들이 광복군에 참여한 것이다. 이들이 참여하기까지 임시정부의 내밀한 포섭공작이 있었다고 한다.

전지공작대가 광복군에 참여하는 데는 황학수의 영향도 적지 않았다. 황학수는 군사특파단 시절부터 전지공작대와 관련을 맺고 있었다. 전지공작대는 초모해 온 한인청년들을 교육하고 훈련시키기 위해 한국청년훈련반을 설립 운영했는데, 황학수가 교관으로 이들에게 정신교육을 실시하고 있었던 것이다. 한인청년들 대부분은 일본군 점령지역에 이주해 있었기 때문에, 이들에 대한 정신교육이 중시되었던 까닭이다.

이러한 관계를 맺고 있던 황학수가 광복군이 창설되고, 총사령대리를 맡게 된 것이다. 전지공작대는 "우리의 군사 역량을 국군인 광복군에 집중해 그를 진전 발전시키는 데서만 우리의 혁명목적을 달성할 수 있다"는 것을 명분으로 해, 광복군에 편입하기로 결정했다.

황학수는 전지공작대가 광복군 편입을 결정하자, 이들을 제5지대로 편제했다. 그는 전지공작대 대장인 나월환을 지대장으로 임

광복군 구보 훈련

명하고, 1941년 1월 1일 제5지대의 성립식을 성대하게 거행했다. 1백여 명의 대원을 확보하고 있던 전지공작대의 편입과 이에 따른 제5지대의 편성은 창설 초기 광복군이 거둔 커다란 성과였다. 이로써 창설 당시 대략 30여명 정도였던 광복군의 병력은 창설 후 3개월여 만에 3배 이상으로 증가했다. 그리고 단위부대로 모두 4개 지대를 갖추게 되었다.

지대를 편성한 후, 황학수는 군사특파단과 전지공작대가 서안을 거점으로 전개해온 초모활동을 지속적으로 추진해 나갔다. 이를 위한 기구로 징모분처를 설치하고, 각 지대가 징모분처를 겸임하도록 했다. 4개 지대에 모두 병력을 모집하는 임무를 부여한 것이다. 그리고 각 지대의 지대장을 징모분처의 책임자인 주임으로 임명했다. 초모활동의 범위는 산서성·하북성을 중심으로 한 화북지역을 비롯해, 북쪽으로는 내몽고 지역인 수원성에서부터 남쪽으로는 안휘성·강서성·호북성·절강성 등 중국 대륙 각지를 대상으로 삼았다.

초모활동은 일종의 비밀지하공작이었다. 광복군 대원들이 일본군 점령지역에 들어가 공작거점을 마련하고, 그곳에 이주해 있는 한인청년들을 만나 포섭한 후, 그들을 광복군 지역으로 데리고 나오는 과정을 거쳐야 했다. 그리고 초모해 온 한인청년들에게 정신교육과 군사훈련을 시켜 광복군 대원으로 편입시켰다. 이러한 일

제3지대 성립식

이 초모활동이었다.

일본군 점령지역 안에서 움직인 까닭에 그 과정에서 광복군 대원들이 많이 희생되기도 했다. 일본군 정보망에 발각되어 일본헌병대에 체포된 경우도 적지 않았고, 친일괴뢰정권인 왕정위 군대에 잡히거나 친일주구배의 밀고로 체포된 경우도 많았다.

그러나 광복군이 그 인적 기반을 마련하고, 조직을 확대 강화하면서 발전해가느냐 못 가느냐는 초모활동에 달려 있었다. 초모활동이 광복군의 존립여부를 결정한다 해도 과언이 아닐 정도였다. 초모활동은 광복군이 창설되기 전 군사특파단에서부터 비롯되었고, 광복군의 군사활동에 가장 중요한 부분이 되었다. 그리고 해방을 맞이할 때까지도 초모활동은 계속되었다.

초모활동의 성과는 적지 않았다. 특히 서안과 부양을 중심으로 한 초모활동은 커다란 성과를 거두었다. 서안에서 활동을 시작할 당시에 군사특파단과 전지공작대의 인원이 20여 명이었는데, 이를 기초로 발전된 제2지대는 1945년 8월경 약 250명 정도를 확보했다. 징모제6분처가 활동한 부양의 경우도 마찬가지였다. 1942년 4월 부양으로 초모공작을 나갔던 인원이 모두 8명이었는데, 1945년 6월에 이르면 180여명의 대원을 확보하여 제3지대로 편성된 것이다.

광복군의 전체적인 규모나 병력면에서도 대단한 성과를 이루었다. 1940년 9월 30여 명의 인원으로 총사령부만 있었던 것이 5년 후 인 1945년 8월에는 총사령부와 3개 지대를 편제한 군사조직으로 발전했고, 병력은 적어도 7백여 명 이상을 확보했다. 이러한 성과가 중국대륙에서 이룬 것이라는 점을 감안하면, 무에서 유를 창조한 것이나 다름 없었다.

국내 진격의 꿈을 키우며

황학수는 총사령 대리로 광복군을 지휘 통솔하면서, 국내 진격에 대한 꿈을 키우고 있었다. 이는 그 자신이 일평생 군인으로 살아오면서, 또 독립운동 최전선에서 활동한 지도자로서 가질 수 있는 최고의 목표이기도 했다. 북만주 신민부에서 활동할 때도, 그는 국내 진격을 위한 작전과 계획을 준비한 일이 있었다. 또한 광복군의 지휘자로서 대원들에게 조국광복에 대한 희망과 확고한 신념을 심어줄 필요도 있었을 것이다.

국내 진격에 대한 그의 포부는 《광복》지에 발표한 여러 글들에서 잘 나타난다. 《광복》은 광복군의 기관지로 발행된 잡지였다. 황학수는 단위부대의 편제와 초모활동을 전개하는 한편, 광복군의 활동상과 임무를 알리기 위한 일종의 선전활동을 위해 잡지를 발행하도록 했다. 《광복》의 발행은 서안총사령부 정훈처에서 담당했고, 1941년 2월부터 발행되었다.

황학수는 《광복》에 여러 편의 글을 발표했다. 현재까지 확인할 수 있는 그의 글은 「한국광복군의 성립과 중국항전」, 「한국혁명의 신계단」 등 모두 4편이다. 주제에 따라 내용이 다르지만, 황학수의 글 속에 일관되게 흐르는 것이 있다. 국내 진격에 대한 꿈이 그것이다.

황학수가 국내 진격을 꿈꾸게 된 것은, 우선 광복군이 대규모 군사조직으로 발전할 수 있다는 가능성이었다. 그는 무엇보다도 광복군이 증강되는 데 크게 고무되어 있었다. 먼저 서안에 총사령부를 설치한 직후 1백여 명의 대원을 확보한 전지공작대를 편입시키는 성과를 거두었다. 이와 더불어 중국육군군관학교를 졸업하고 중국군에 복무하고 있는 한인청년들을 모두 소집해 광복군으로 편성하고, 여기에 만주지역에서 활동하고 있는 독립군부대들과 연계한다고 하면, 광복군의 병력과 조직은 비약적으로 발전할 수 있다는 것이 그의 생각이자 믿음이었다.

중국과 군사합작을 이룰 수 있다는 것도 국내 진격에 가능성을 불어넣었다. 그는 만주에서 한중연합군을 편성해 활동한 경험을 갖고 있었다. 신민부에서 활동할 때 마적단과 연합군을 편성하기도 했고, 한국독립군 부사령관으로 활동할 때는 중국의 구국군과 연합해 대일항전을 전개한 경험이 있었던 것이다. 중국이 대일전

총사령부 정훈처에서 발행한 한국광복군 기관지『광복』

쟁을 수행하고 있는 상황에서, 더욱이 중국 정부가 한국의 독립운동을 지원하고 있는 현실에서 한중합작을 이루는 일은 어렵지 않다고 보았다.

한중합작을 이룰 수 있는 근거는 광복군이었고, 광복군과 중국군이 연합해 대일전쟁을 전개한다는 것이었다. 역사적으로도 한중이 연합해 일제를 물리친 사실이 있었다. 황학수는 왜구가 신라를 침범했을 때 당나라 유인궤가 군대를 파견해 도운 사실과 임진왜란 때 중국이 이여송李如松을 보내 한중연합으로 일본을 물리친 것을 예로 들면서, 한중 양국이 합작하면 최후 승리를 거둘 수 있다고 했다.

국내에 있는 민중들의 항일기운이 치솟고 있다는 것도 희망적인 소식이었다. 황학수는 광복군이 창설된 후 1달도 안 되어 그 소식이 국내에 전해졌다는 사실을 언급하면서, 이를 계기로 국내의 11개 군에서 기독교도들이 중심이 되어 폭동을 준비하다가 불행하게도 비밀이 폭로된 일, 그리고 1941년 11월에는 부산지역의 학생들이 운동대회에서 '타도왜구 쟁취독립' 이라는 구호를 외쳤다는 사실에 크게 주목하고 있었다. 이러한 때에 국내로 진격하면 국내의 동포들이 호응할 것이고, 광복군과 국내의 민중들이 함께 전면투쟁을 전개한다면 일제의 통치를 전복시킬 수 있다고 했다.

황학수는 또 미국과 일본 간에 전쟁이 발발할 것을 예견하고 있

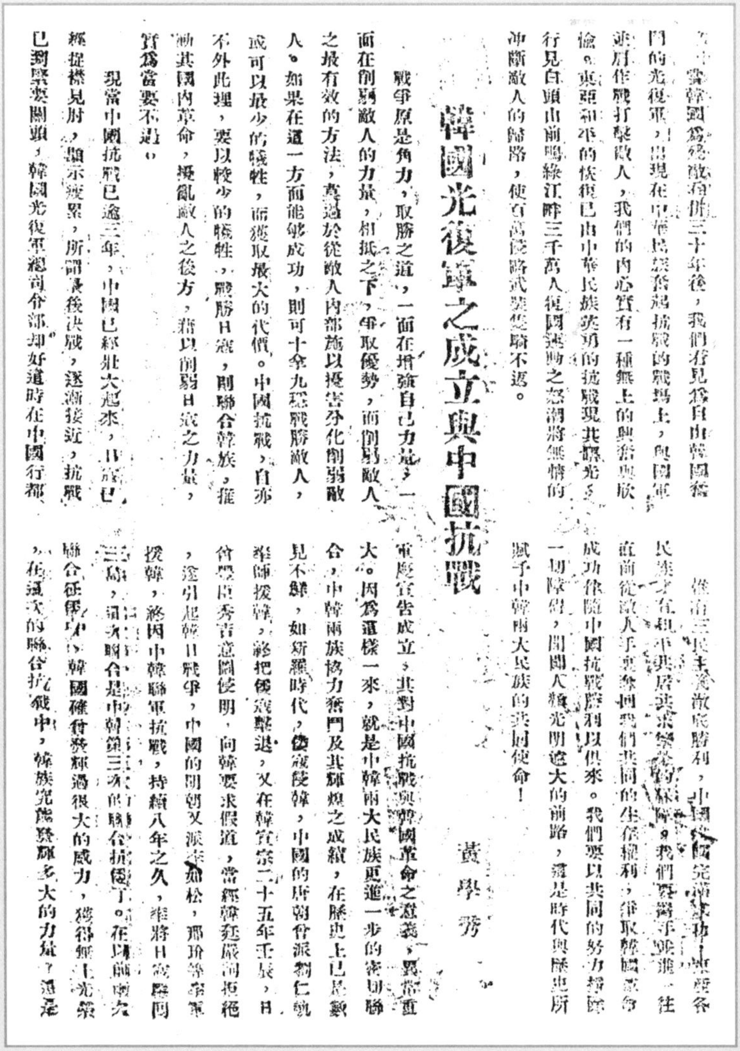

[illegible]當韓國為殘敵所併三十年後，我們才見為自由韓國奮鬥的光復軍，出現在中華民族奮起抗戰的戰場上，與國軍並肩作戰打擊敵人，我們的內心實有一種無上的興奮與欣愉。東亞和平的恢復已由中華民族英勇的抗戰現其曙光，[illegible]行見白頭山前鴨綠江畔三千萬人復國運動之怒潮將無情的衝斷敵人的歸路，使百萬倭寇武裝隻騎不返。

從[illegible]三民主義徹底勝利，中國[illegible]完滿[illegible]功[illegible]與各民族[illegible]在和平共居共榮[illegible]原則[illegible]。我們要攜手並進一往直前從敵人手裏奪回我們共同的生存權利，爭取韓國革命成功伴隨中國抗戰勝利以俱來。我們要以共同的努力掃除一切障礙，開闢人類光明遠大的前路，這是時代與歷史所賦予中韓兩大民族的共同使命！

韓國光復軍之成立與中國抗戰

黃學秀

戰爭原是角力，取勝之道，一面在增強自己力量，一面在削弱敵人的力量，相抵之下，爭取優勢，而削弱敵人之最有效的方法，莫過於從敵人內部施以擾害分化削弱敵人。如果在這一方面能夠成功，則可十拿九穩戰勝敵人，或可以最少的犧牲，而獲取最大的代價。中國抗戰，自亦不外此理，要以較少的犧牲，戰勝日寇，則聯合韓族，推動其國內革命，擾亂敵人之後方，藉以削弱日寇之力量，實為當要不過。

現當中國抗戰已逾三年，中國已經壯大起來，日寇已經提襟見肘，顯示疲累，所謂最後決戰，逐漸接近，抗戰已到緊要關頭，韓國光復軍總司令部却好這時在中國行都、重慶宣告成立，其對中國抗戰與韓國革命之意義，異常重大。因為這樣一來，就是中韓兩大民族更進一步的密切聯合，中韓兩族協力奮鬥及其輝煌之成績，在歷史上已屢見不鮮，如新羅時代，倭寇侵韓，中國的唐朝曾派劉仁軌率師援韓，終把倭寇擊退，又在韓宣宗二十五年壬辰，日[illegible]豐臣秀吉意圖侵明，向韓要求假道，當經韓廷嚴詞拒絕，遂引起韓日戰爭，中國的明朝又派李如松，鄧子龍等率軍援韓，終因中韓聯軍抗戰，持續八年之久，終將日寇擊回三島，[illegible]這次聯合是中韓第三次的聯合抗倭了。在以前兩次聯合征倭中，韓國確曾發揮過很大的威力，獲得無上光榮，在這次的聯合抗戰中，韓族究能發揮多大的力量？這是

《광복》에 발표한 황학수의 글(한국광복군의 성립과 중국항전)

었다. 그는 1941년 6월에 발간된 《광복》에 「미국의 연해방어와 태평양방선」이란 글을 발표했다.

이 글은 미국의 해군과 공군의 군사력 및 그것이 태평양 연안에 배치된 상황을 각종 통계자료와 지도를 통해 자세히 제시하면서, 향후 미국과 일본 간에 발생할 문제에 대해 설명한 것이다. 그 상황을 분석한 황학수는 "태평양 문제가 날로 엄중해지면서 미일 간에 충돌은 피할 수 없다"고 했다. 미일간에 전쟁이 일어날 것을 내다보고 있었던 것이다.

그리고 전쟁이 발발하게 되면 "미국은 3대 진공선을 통해 일본의 군사거점 및 주요 도시를 공격할 것"이라고 내다보고, 단기간내에 일본은 치명적인 타격을 입을 것이라고 전망했다. 황학수가 이 글을 발표한 것이 태평양전쟁이 발발하기 6개월 전이었음을 유념할 필요가 있다. 군사배치 상황을 분석하고 전쟁이 일어날 것임을 예견하고, 또 전쟁이 일어나면 미국이 일본을 어떻게 공격할 것인지도 내다보았다. 이것으로 황학수는 군사활동가로서 뿐만 아니라, 군사전략가로서의 면모를 갖추고 있었음을 알 수 있다.

서안에서 중경으로 복귀

황학수는 서안에서 총사령 대리로 활동하며 광복군의 초석을 마

三 軍事研究

美國的沿海防禦與太平洋防綫

黃學秀

一、美國的沿海防禦

美國位於遠隔重洋的美洲，又有強大的海軍，因之，美國向來不注意沿海防禦。但近幾年來，太平洋問題，日益嚴重，美日衝突，難於避免，尤其德意日同盟成立之後，美國更感不安，乃積極充實沿海防禦與太平洋防綫。美當局建立沿海防禦線的目的有二：

A.防禦軍事大侵略

美國的海軍勢力雄厚，德日等別國，打破美國的封鎖綫，而進攻美洲大陸，是非常困難的一件事。但將來國際局勢大變，如在太平洋，大西洋兩方面發生衝突，美國也有可能遭受第三國的侵略。美國人認為它雖然具有世界最大艦隊，但祇以海軍力量防禦侵略，是不可能的。哈佛[illegible]海軍上將曾說：「不遭遇外國侵略的完全的安全，在美國再不會有的，所以，一定要建立強大的海軍與鞏固的海防」。

B.防禦政治的侵害

沿海防禦在政治上，確有重大意義，美國的海軍雖能確保美國國防綫，使敵人沒有機會接近美大陸，但一般人民，尤其居住沿海的人民，一旦遭遇戰爭，就發生很大恐慌。美國人還記住，過去美西戰爭的時候，美國艦隊比西班牙優越得多，以美國的海軍力擊破西班牙，是毫無問題的，但大西洋沿岸的人民引起很大的恐怖，秩序紊亂，連

미국과 일본 간의 전쟁이 발발할 것을 예견한 황학수의 글
(『光復』 제1권 제4기, 1941년 6월 20일 발행)

련하고 국내 진격에 대한 꿈을 키워가고 있었다. 그러나 그 활동과 국내 진격의 꿈을 접어야 했다. 중경으로 복귀하라는 명령을 받은 것이다. 명령을 내린 것은 임시정부가 아니었다. 중국군사위원회가 서안총사령부를 철수하라고 한 것이다.

광복군은 창설하는 과정에서부터 중국군사위원회와 마찰이 있

광복군 사열식

었다. 마찰의 핵심은 광복군의 예속 문제였다. 임시정부는 '광복군을 편성해 한중연합군으로 중국군과 연합작전을 전개한다'는 전제하에, 광복군 창설에 대한 인준과 지원을 요청하는 계획서를 중국 측에 제출했다. 그러나 중국군사위원회는 이를 받아들이지 않았다. 광복군은 중국군과 대등한 연합군일 수 없으며, 중국군사위원회에

조선의용대 성립기념식(1938년 10월 10일)

朝鮮義勇隊
KOREAN VOLUNTEERS

속해야 한다는 것이었다. 임시정부는 이를 거부했다. 그리고 중국 측의 승인과 양해없이 광복군을 창설하고, 군사활동을 시작했다.

중국군사위원회는 광복군의 창설을 인정하지 않았다. 뿐만 아니라 광복군의 활동을 저지하고 나섰다. 광복군이 창설된 직후 각지의 중국군에게 광복군의 활동을 엄밀히 통제하라는 명령을 내린 것이다. 이는 광복군의 손과 발을 묶어 놓는 것이나 다름없었고, 사실상 광복군을 향해 활동을 중지하라는 명령과 마찬가지였다.

이로써 광복군은 창설 초기부터, 그리고 활동을 시작하는 단계에서부터 커다란 장애에 부딪치게 되었다. 이 문제를 해결하는 것이 선결과제였고, 이를 위해 중국 측과 교섭을 전개하지 않을 수 없었다. 교섭은 광복군과 임시정부가 모두 나섰다. 총사령 이청천과 참모장 이범석이 중경에 머물러야 했던 것은 이 때문이었다.

그러나 교섭은 쉽지 않았다. 중국군사위원회는 광복군을 예속한다는 입장을 바꾸지 않았고, 임시정부는 그것을 받아들일 수 없었다. 광복군의 통수권을 중국에 넘겨줄 수 없었던 것이다. 교섭이 제자리걸음을 맴돌고 있을 때, 조선의용대가 화북지역으로 이동한 사건이 일어났다. 조선의용대는 김원봉을 대장으로 한 좌익진영의 무장조직으로, 중국군사위원회의 지원을 받으며 활동하고 있었다. 이들이 1941년 3월에서 5월에 걸쳐 비밀리에 중국공산당 지역으로 이동한 것이다.

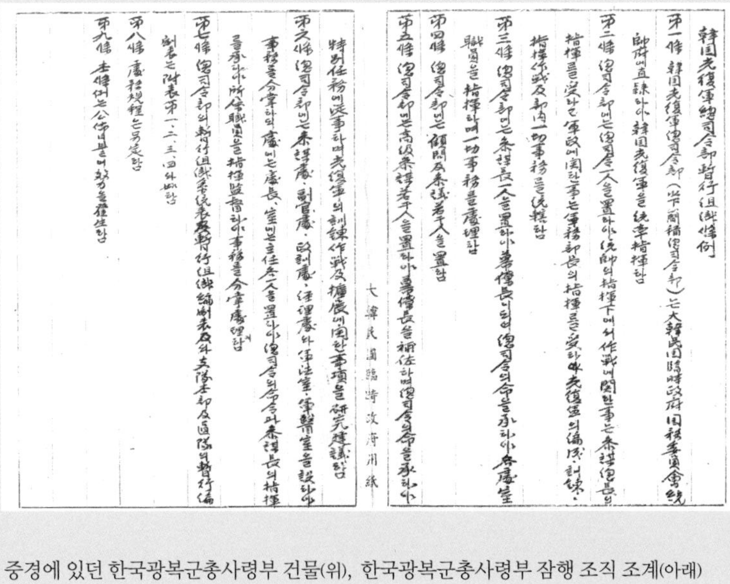

韓國光復軍總司令部暫行組織條例

第一條 韓國光復軍總司令部(以下簡稱總司令部)는 大韓民國臨時政府國務委員會統帥府에 直隷하야 韓國光復軍을 統率指揮함

第二條 總司令部에는 總司令一人을 置하야 統帥의 指揮下에서 作戰에 關한 事는 參謀總長의 指揮를 受하고 軍政에 關한 事는 軍務部長의 指揮를 受하야 光復軍의 編成·訓練·指揮作戰及部內一切事務를 統轄함

第三條 總司令部에는 參謀長一人을 置하야 幕僚長이 되여 總司令의 命을 承하야 各處室職員을 指揮하며 一切事務를 處理함

第四條 總司令部에는 顧問及參議若干人을 置함

第五條 總司令部에는 高級參謀若干人을 置하야 幕僚長을 補佐하며 總司令의 命을 承하야 特別任務에 從事하며 光復軍의 訓練作戰及擴展에 關한 事項을 硏究建議함

第六條 總司令部에는 參謀處·副官處·政訓處·經理處와 軍法室·軍醫室을 設하야 事務를 分掌하되 處에는 處長, 室에는 主任各一人을 置하야 總司令의 命令과 參謀長의 指揮를 承하야 所管職員을 指揮監督하야 事務를 分掌處理함

第七條 總司令部의 暫行組織系統表及暫行組織編制表及外支隊本部及直隊의 暫行編制表는 附表第一、二、三、四와 如함

第八條 處務規程은 另定함

第九條 本條例는 公佈日부터 效力을 發生함

大韓民國臨時政府用紙

중경에 있던 한국광복군총사령부 건물(위), 한국광복군총사령부 잠행 조직 조계(아래)

이를 계기로 중국군사위원회는 광복군의 예속을 단행했다. 장제스가 중국군사위원회 위원장인 하응흠에게 "한국광복군과 조선의용대를 동시에 군사위원회에 예속하고, 참모총장이 직접 통일 장악하여 운용하라"는 지시를 내린 것이다. 1941년 11월 15일 중국군사위원회가 "광복군은 본회에 귀속시켜 통할지휘한다"고 하면서, 이에 따른 광복군의 활동규칙을 규정한 한국광복군행동9개준승을 보내왔다.

광복군은 중국군사위원회 판공청에 소속되었고, 그 통제와 간섭을 받게 되었다. 이후 중국군사위원회는 광복군을 통째로 장악하려 했다. 그 방법의 하나가 광복군의 기구를 축소시킨 것이다. 총사령부는 총사령과 부사령을 두고, 부서는 10개 처에서 3개 처만 남겼다. 그리고 단위부대인 지대도 축소시켰다. 기존의 4개 지대를 통합해 2개 지대로 편성한 것이다.

또 하나는 중국군을 파견해 광복군의 간부를 맡게 했다. 총사령과 부사령은 각각 이청천과 김원봉이 맡고 있었지만, 처장을 비롯해 간부들 상당수가 중국군으로 채워졌다. 총사령부의 편제상 간부가 77명이었지만, 실재인원은 45명이었다. 이 중 광복군은 12명뿐이고, 33명이 중국군이었다. 이들은 1942년 4월부터 광복군에 파견되어 복무하기 시작했다.

이러한 조처와 함께 중국군사위원회는 서안에 있는 총사령부를

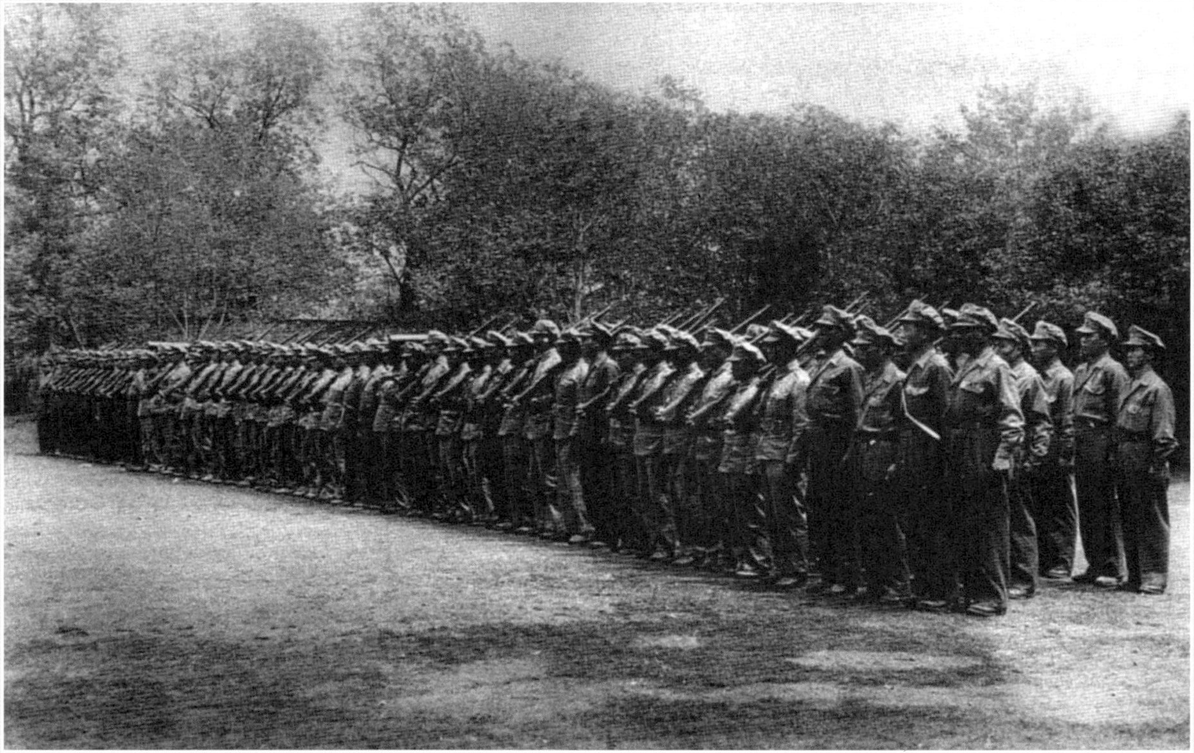

한국광복군의 훈련장면

중경으로 이전토록 하였다. 중국군사위원회가 광복군의 행동을 규제하는 '9개 준승' 에 "광복군 총사령부의 소재지는 군사위원회에서 지정한다"(제5항)는 조항이 있었다. 광복군총사령부를 통제 가능한 지역에 두려는 것이었다.

황학수는 서안에 있는 총사령부를 철수하지 않을 수 없었다. 그로서는 달갑지 않았다. 총사령부를 후방인 중경으로 옮긴다는 것은 광복군의 발전에 커다란 손실이며 장애가 될 것이 뻔했기 때문이다. 뿐만 아니라 서안은 임시정부가 구축한 유일한 대표적 군사기지였다. 중경으로 이전한다는 것은 이를 포기하는 것이나 마찬가지였다.

불행 중 다행으로 총사령부는 이전하지만, 그 예하 단위부대인 지대는 서안에 두게 되었다. 제2지대였다. 제2지대는 기존의 제1·2·5지대를 통합해 편성한 것이고, 지대장은 창설 당시 참모장이던 이범석이 맡았다. 서안총사령부의 인원 대부분은 제2지대 대원으로 합류했고, 황학수는 일부 간부들과 함께 1942년 10월 중경을 향해 서안을 떠났다. 1939년 10월 군사특파단으로 서안에 온 지 만 3년만이었다.

중경으로 귀환하면서 그의 광복군 시절도 마감된 것이나 다름없었다. 이후 그는 광복군에서 별다른 직책을 맡지 않은 것으로 나타난다.

다만 1943년 8월 총사령부 기구와 직제에 대한 개편이 이루어졌을 때, 총사령부 고급참모에 그의 이름이 올라 있는 것이 확인될 뿐이다.

임시정부에서의 활동

군복을 벗고 정부 각료로

황학수는 평생을 군인으로 살아왔다. 그것도 최전선에 나아가 독립운동의 불모지에서 병력을 모집하고 이들을 훈련시켜 독립군을 조직하면서, 일본군과 직접 맞닥뜨려 전쟁을 치르는 삶을 살아왔다. 군인 중에서도 야전군인으로 살아 온 것이다. 이러한 그의 삶으로 보면, 그에게 중경은 결코 활동하기에 적합한 곳이 아니었다.

서안과 중경은 분위기 자체가 달랐다. 서안이 군사활동의 중심지였다면, 중경은 정치의 중심지나 다름없었다. 임시정부와 임시의정원을 비롯해, 이념을 달리하는 여러 정당들이 집결해 활동하고 있던 곳이 바로 중경이었다. 중경으로 귀환하면서, 군인으로 살아왔던 그의 삶도 전환기를 맞았다. 중경으로 돌아온 직후, 임시정부의 국무위원과 생계부장으로 선임되어 정부의 각료로서 활동하게 된 것이다.

황학수가 중경으로 귀환했을 때, 임시정부는 물론이고 중경의 정치판도에 대변화가 일어났다. 대변화의 핵심은 조선민족혁명당을 비롯한 좌익진영의 세력이 임시정부에 참여한 것이다. 좌익진영은 임시정부에 대해서는 관여하지 않으면서, 독자적인 조직과 세력을 형성하고 있었다. 그러던 이들이 중경에 도착해 활동하면서 1942년 임시정부에 참여한 것이다.

이렇게 된 데는 여러 가지 요인들이 있었다. 그동안 독립운동전선에서 끊임없이 추진해 온 통일운동의 영향이자 결과이기도 했고, 태평양전쟁 발발이라는 국제정세의 변화도 커다란 요인이었다. 이와 함께 임시정부가 중경에 정착해 조직과 체제를 정비하고 광복군을 창설하면서, 민족대표기구와 독립운동 중추기구로서의 위상과 역할을 되찾은 것도 크게 작용했다.

좌익진영의 임시정부 참여는 그 무장세력인 조선의용대를 광복군에 편입시키는 것으로 시작되었다. 조선의용대의 편입은 중국군사위원회의 명령을 받아 이루어졌다. 조선의용대 대장인 김원봉은 광복군 부사령으로 임명되고, 조선의용대는 1942년 7월 광복군에 편입하여 제1지대가 되었다.

좌익진영의 인사들은 임시의정원에도 참여했다. 임시의정원은 임시정부의 기초세력이자 여당 역할을 하고 있던 한국독립당이 단독으로 구성, 운영하고 있었다. 의정원 참여는 1942년 10월 개최된 정기의회에서 의원을 보선하는 방법으로 이루어졌다. 그 결과 조선민족혁명당 10명, 조선혁명자연맹 2명, 조선민족해방동맹 2명 등 좌익진영에서 14명의 의원이 선출되었다.

이로써 무장 세력에 이어 좌익진영이 임시정부에 참여하게 되었다. 좌익진영의 임시정부 참여는 무엇보다도 중국 관내 독립운동 세력이 모두 임시정부 산하로 결집, 통일전선을 이루었다는 데 커다란 의미가 있었다. 그리고 임시정부는 명실공히 민족의 대표기구이자 독립운동의 최고 영도기관으로서의 위상과 역할을 회복하게 되었다.

좌익진영이 참여하면서, 임시정부의 기구와 조직을 재정비했다. 임시정부의 조직과 기구를 확대 조정하는 문제는 1942년 10월에 개최된 제34차 의정원 회의에서 다루어졌다. 이 의회는 새로이 선출된 좌익진영의 의원들이 참여해 개최된 그야말로 '통일의회' 였다. 회의 결과, 종전의 7명이었던 국무위원을 11명으로 증원하고, 정부의 부서도 종래의 외무·내무·법무·재무·군무부 외에 학무부·선전부·교통부·생계부등 4개 부서를 증설하기로 했다. 이는 좌익진영의 참여에 대한 배려라는 측면도 있었다. 좌익진영의 인사들을 정부의 조직과 부서에 선출해야 했던 것이다.

황학수는 이 과정에서 임시정부의 국무위원과 생계부장으로 선출되었다. 이로 인해 황학수의 삶이 바뀌게 되었다. 대한제국 육군무관학교를 졸업한 이래 40여 년간 군인으로 살아온 그가, 임시정

제34차 임시의정원의원 일동

부의 국무위원 겸 생계부장으로 활동하게 된 것이다. 생계부는 좀 독특한 부서였다. 임시정부가 존속하는 26년여 동안 이 부서를 설치한 것은 이때가 처음이자 마지막이었다.

생계부는 중경에 거주하고 있는 동포들의 생활 문제를 담당하는 부서였다. 당시 중경에는 임시정부를 비롯해 3백여 명이 넘는 한인들이 거주하고 있었다. 이들은 대부분 독립운동과 관련된 인사들이거나 그 가족들로서, 임시정부를 따라 이곳에서 생활하게 된 것이다. 이들의 생활유지가 임시정부로서는 커다란 문제 중 하나였고, 이를 담당할 부서로 설치할 것이 생계부였다. 생계부는 1년 반 정도 존속하다가 1944년 정부의 조직을 개편할 때 폐지되었다.

1944년 4월에 열린 제36차 의정원 회의에서는 개정헌법인 '대한민국임시헌장'을 통과시켰다. 그리고 이를 근간으로 정부의 기구와 조직을 새롭게 갖추고, 주석과 부주석을 비롯해 국무위원을 선출했다. 이는 좌익진영이 임시정부에 참여해 구성한 좌우연합정부였다. 주석은 한국독립당의 김구가 다시 선임되었고, 신설된 부주석에는 조선민족혁명당의 김규식이 선출되었다.

이때 황학수는 1942년 11월에 이어 다시 국무위원으로 선임되었다. 무임소 국무위원이었다. 행정부서를 담당한 것은 아니지만, 임시정부 국무회의의 구성원으로 국무회의에 참여해 정부의 정책과 활동에 대한 사항을 논의하고 결의했다. 이후 정부의 조직과 기구

임시정부 국무위원 겸 생계부장 황학수

는 해방을 맞아 환국할 때까지 변동이 없었다.

임시의정원과 한국독립당

황학수는 중국 관내로 이동해 1938년 장사에서 임시정부에 합류한 이래, 줄곧 임시정부를 중심으로 활동했다. 군사위원회 위원, 광복군, 그리고 임시정부의 국무위원과 생계부장을 맡아 활동한 것이다. 이외에 그의 이름이 올라있고, 또 관여한 것으로 나타나는 몇 가지가 있다. 조선혁명당, 임시의정원 의원, 한국독립당에 관한 것이 그것이다.

황학수가 1937년에 조선혁명당 당원으로 활동한 기록이 있다. 1937년 4월 남경에 있던 조선민족혁명당에서 김원봉계열과 이청천계열이 대립할 때, 이청천·현익철·유동열·김학규 등과 함께 비상대회소집을 요구한 것이 그 하나다. 그리고 1937년 8월 우익진영의 3당인 한국국민당·한국독립당(재건)·조선혁명당이 연합해 한국광복운동단체연합회를 결성했을 때, 조선혁명당 당원에 그의 이름이 올라 있기도 하다.

조선혁명당이란 단체는 독립운동전선에서 두 차례에 걸쳐 결성되었다. 1929년 남만주에서 국민부가 결성된 후 그 정당으로 조선혁명당을 결성한 일이 있었다. 이들은 중국관내로 이동했다가,

1935년 7월 5개 정당이 통일해 결성한 조선민족혁명당에 참여하면서 해체되었다. 이후 1937년 4월 남경에서 또다시 조선혁명당이 결성되었다. 만주에서 활동하던 조선혁명당과 한국독립당 인사들이 결성한 것이다. 이들은 중국관내로 이동한 후 민족혁명당 결성에 참여했다가 당내에서 김원봉계와 심각한 대립과 갈등을 빚게 되면서, 이를 탈당하여 조선혁명당을 결성했다.

황학수의 이름이 올라있는 것은 남경에서 결성된 조선혁명당이다. 그러나 1937년에 그는 남경에 있지 않았다. 앞에서 언급했듯이, 그는 1934년초 만주를 출발해 1938년이 되어서야 장사에 도착했다. 1937년에는 내몽고를 거쳐 중국관내로 이동하고 있던 때였다. 실제 남경에 있으면서 활동하지는 않았지만, 만주지역에서 활동하던 인사들이 조선혁명당을 결성해 활동하면서, 황학수도 그 당원으로 했을 것이라 생각된다.

황학수는 임시의정원 의원으로 선출되기도 했다. 1919년 상해로 망명해 임시정부에 참여했을 때도 그는 충청도 의원으로 선출되어 활동한 일이 있었다. 중국관내로 이동해 다시 임시정부에 참여하면서, 그는 또다시 의정원 의원으로 선출되었다. 그가 의정원 의원으로 선출된 것은 임시정부가 기강에 도착한 직후였다.

임시정부는 기강에 도착한 후, 정부의 조직과 체제를 확대 정비하는 작업을 추진했다. 그 방법은 민족주의 계열의 한국독립당(재건)

과 조선혁명당 세력을 임시정부에 참여시키는 것으로 이루어졌다. 1935년 이래 임시정부는 김구가 주도한 한국국민당에 의해 유지 운영되어 왔다. 조소앙과 홍진이 주도한 한국독립당(재건)과 만주세력이 중심이 된 조선혁명당은 임시정부를 옹호 유지하는 입장이었지만, 정부의 조직이나 운영에는 직접 참여하지 못하고 있었다. 이들을 참여시켜 정부의 조직을 확대 강화한 것이다.

이러한 작업은 임시의정원 회의를 통해 이루어졌다. 의정원 회의는 1939년 10월 3일 기강의 임강가 43호에서 개최되었다. 제31회 정기의회를 개최하면서 가장 먼저 추진한 것이 의정원 의원을 보충한 일이었다. 당시 의정원 의원 수는 17명이었다. 이들 중 조소앙만 한국독립당(재건) 소속이고, 나머지는 모두 한국국민당 인사들이었다. 헌법에 규정된 의정원 의원수가 57명인 점을 감안하면, 당시 의정원 의원은 3분의 1에도 미치지 못하는 수였다.

제31회 의정원 회의가 개최되면서, 의원에 대한 보결선거가 실시되었다. 10월 4일부터 의원자격심사위원이 선정되어 보선된 의원에 대한 자격을 심사했고, 그 결과 모두 18명의 의원을 새로 선출했다. 새로 선출된 의원은 이청천·유동열·최동오·조시원 등 대부분 한국독립당(재건)과 조선혁명당 소속이었고, 황학수는 10월 15일 홍진·안훈·신환·이상만 등과 함께 충청도 의원으로 선출되었다.

이로써 황학수는 20여년만에 다시 의정원 의원으로 선출되었다.

1940년 5월 8일. 한국독립당 창립기념 사진

이 당시 그의 당적은 조선혁명당이었고, 지역은 충청도였다. 의원으로 선출되었지만, 그는 의정원에서 활동할 수 없었다. 앞에서 언급했듯이, 의원으로 선출된 직후인 1939년 10월 하순 군사특파단의 임무를 띠고 서안으로 떠난 것이다. 그리고 1942년 10월 중경으로 귀환할 때까지 서안에서 활동하고 있었다.

한국독립당의 주요 간부로도 활약했다. 독립운동전선에서 결성된 한국독립당은 4개가 있다. 1930년 1월 상해에서 임시정부 인사들이 결성한 것, 1931년 7월 북만주에서 생육사와 한족총연합회를 중심으로 결성한 것이 있다. 황학수는 북만주에서 한국독립당을 결성하고, 위원장 홍진과 더불어 부위원장으로 활동한 일이 있었다.

이후 한국독립당이 두 차례 더 결성되었다. 1935년 9월 민족혁명당을 탈당한 조소앙과 홍진이 상해에서 결성되었던 한국독립당을 재건한 것, 그리고 1940년 5월 중경에서 한국국민당·한국독립당(재건)·조선혁명당이 임시정부의 옹호 유지를 전제로 합당을 이루어 결성한 것이 그것이다. 황학수가 주요 간부로 선출되어 활동한 것은 중경에서 결성된 한국독립당이었다.

황학수가 한국독립당의 간부로 선출된 것은 제4차 전당대회 때였다. 제4차 전당대회는 1945년 7월에 개최되었다. 여기서 당의 조직과 체제를 재정비하는 개편이 이루어졌다. 이 때 황학수는 중앙감찰위원장으로 선출되었다. 황학수는 의정원 의원으로, 또 한국

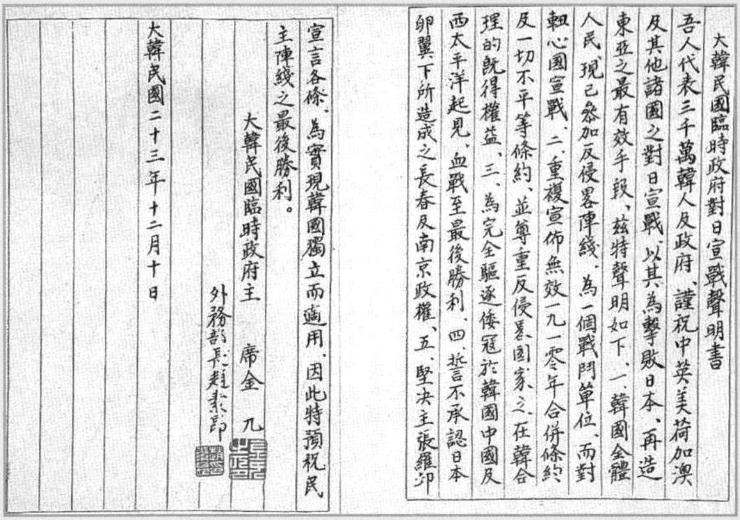

大韓民國臨時政府對日宣戰聲明書

吾人代表三千萬韓人及政府、謹祝中英美荷加澳及其他諸國之對日宣戰、以其為擊敗日本、再造東亞之最有效手段、茲特聲明如下、一、韓國全體人民、現已參加反侵略陣線、為一個戰鬥單位、而對軸心國宣戰、二、重複宣佈無效一九一零年合併條約及一切不平等條約、並尊重反侵略國家之在韓合理的既得權益、三、為完全驅逐倭寇於韓國中國及西太平洋起見、血戰至最後勝利、四、誓不承認日本卵翼下所造成之長春及南京政權、五、堅決主張羅邱宣言各條、為實現韓國獨立而適用、因此特預祝民主陣線之最後勝利。

大韓民國臨時政府主席金九

外務部長趙素昂

大韓民國二十三年十二月十日

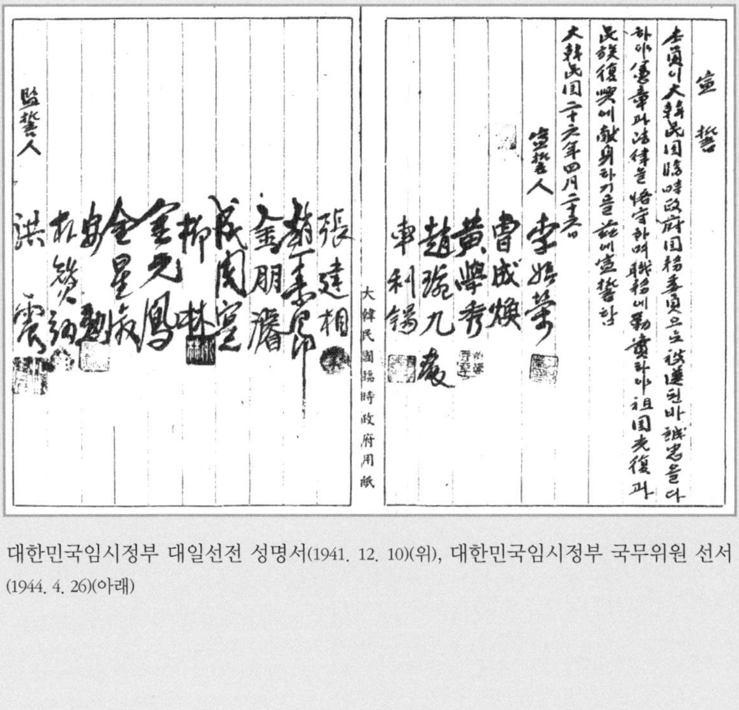

宣誓

本員이 大韓民國臨時政府國務委員으로 被選된바 誠忠을 다하야 憲章과 法律을 恪守하며 職務에 勤實하야 祖國光復과 民族復興에 獻身하기를 茲에 宣誓함

大韓民國 二十六年 四月 二十六日

宣誓人 李始榮 曹成煥 黃學秀 趙琬九 車利錫

大韓民國臨時政府用紙

張建相 趙素昂 金朋濬 成周寔 柳林 金元鳳 金星淑 安勳 朴贊翊

監誓人 洪震

대한민국임시정부 대일선전 성명서(1941. 12. 10)(위), 대한민국임시정부 국무위원 선서(1944. 4. 26)(아래)

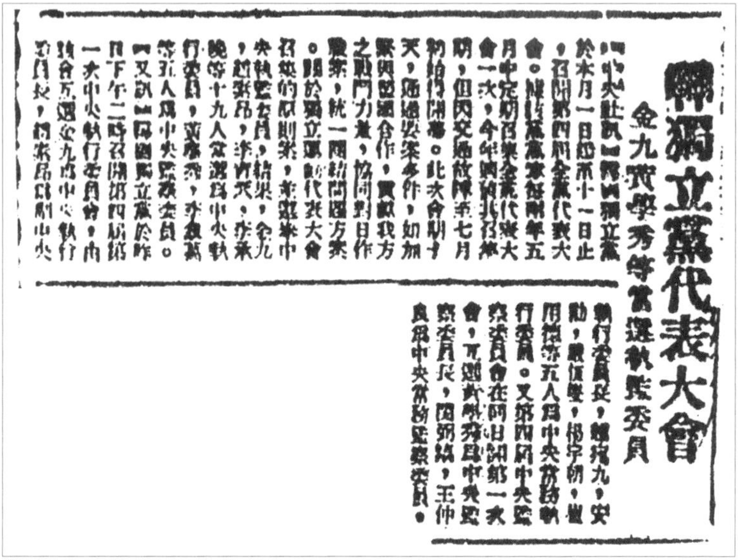
[illegible]獨立黨代表大會
金九[illegible]學秀等當選執監委員

한국독립당 제4차 전당대회에서 중앙검찰위원장으로
선출된 신문 기사(《대공보》 1945년 7월 10일자)

독립당의 중앙감찰위원장으로 선출되었지만, 정치적인 문제나 활동과는 거리를 두었다. 그는 정치인보다는 군인이었다.

해방과 환국

일제의 항복

중경에 일제가 항복한다는 소식이 전해진 것은 1945년 8월 10일 저녁이었다. 황학수도 이 날 일제의 항복 소식을 들었을 것이다. 그가 일제의 항복에 대해 직접 감회를 피력하거나 기록한 것은 없지만, 그의 감회가 남달랐음은 미루어 짐작할 수 있다. 그는 북만주에서 한국독립군 부사령관으로 활동할 때에도, 그리고 광복군을 창설해 총사령 대리로 있을 때도 늘 국내 진입을 꿈꾸고 있었다.

이러한 그의 꿈은 똑같은 방식은 아니었지만 실현될 단계에 있었다. 광복군이 미국의 전략첩보기구인 OSS와 연계해 '독수리작전' 을 추진한 것이다. 이는 광복군 대원들에게 특수훈련인 OSS훈련을 시켜 이들을 국내에 투입한다는 것이었고, 1945년 5월부터 서안의 제2지대와 부양의 제3지대가 대원들을 선발해 훈련을 실시했다. 그리고 3개월에 걸친 훈련이 끝나자, 주석 김구가 광복군 총사

광복군과 OSS의 국내진입작전을 협의하고 나오는 김구와 OSS총책임자 도노반

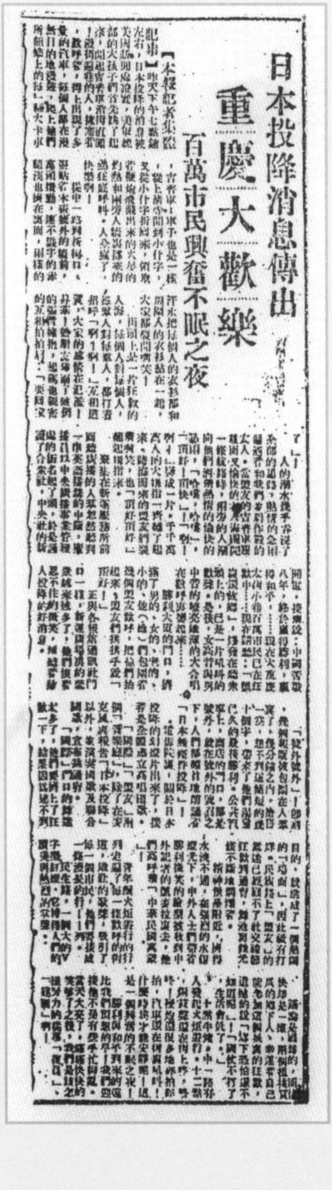

日本投降消息傳出

重慶大歡樂

百萬市民興奮不眠之夜

일제의 항복소식을 전한 1945년 8월 11일 자. 〈중앙일보〉

령관 이청천과 함께 서안을 방문해 미국의 OSS 책임자들과 이들을 국내로 진입시키는 문제를 논의하고 있었던 것이다.

일제의 항복 소식이 전해지면서, 임시정부는 긴급히 국무회의를 소집했다. 일제의 항복에 따른 대책을 협의하기 위해서였다. 국무회의 주관자인 주석은 광복군의 국내 진입 문제를 협의하기 위해 서안에 가 있었고, 중경에 있는 국무위원들이 참여했다.

황학수도 국무위원으로 이 회의에 참가했다. 이날 임시정부는 귀국해 국민에게 정권을 봉환한다는 전제하에, 임시정부가 추진할 당면정책을 기초하고, 조속히 귀국한다는 방침을 정했다. 그리고 귀국과 관련한 구체적인 문제는 의정원 회의를 통해 결정하기로 했다.

8월 17일 임시의정원 회의가 개최되었다. 제39차 임시의회로, 정부의 요구로 소집된 회의였다. 그러나 회의는 순조롭게 진행되지 못했다. 임시정부 주석이 서안에서 돌아오지 않은 관계로 국무회의에서 의결한 정부안이 공식적으로 제출되지 못한 점도 있었지만, 더 큰 이유가 있었다. 조선민족혁명당을 비롯한 야당 측에서 '임시정부 개조' 와 '국무위원의 총사직' 을 요구한 것이다. 현재의 임시정부각원들은 모두 사퇴하고, 새로이 임시정부를 조직해 귀국하자는 주장이었다.

'임시정부 개조' 와 '국무위원의 총사직' 문제가 대두되면서, 이

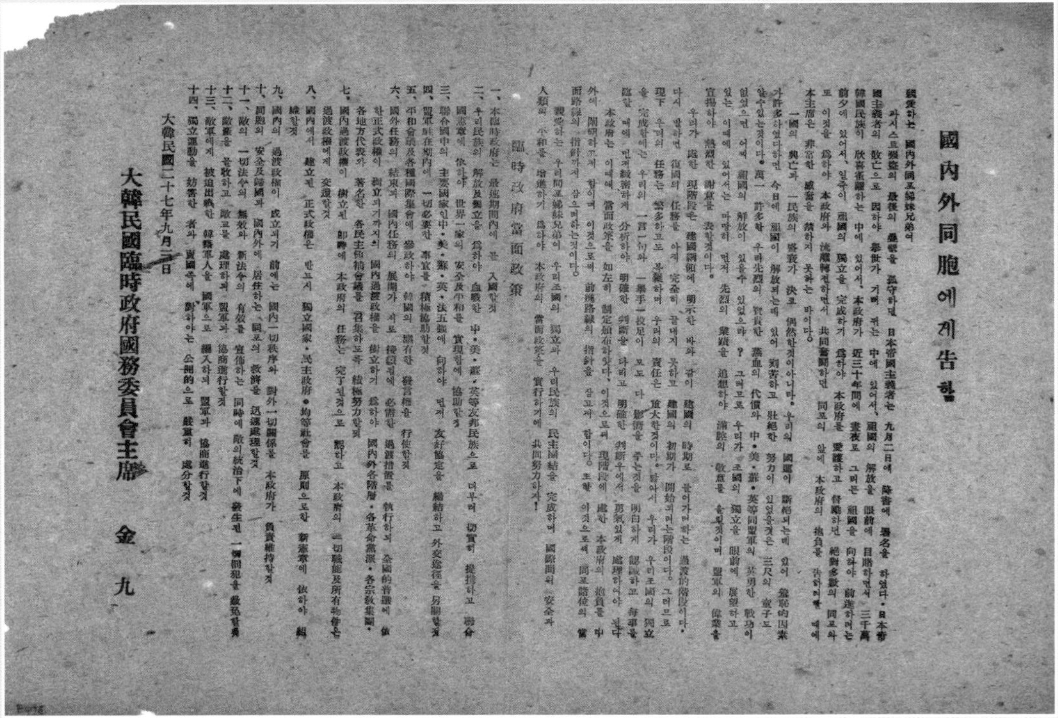

國內外同胞에게告함

親愛하는 國內外同胞姉妹兄弟여

파시스트强盜의 最後의 堡壘를 孤守하던 日本帝國主義者는 九月二日에 降書에 署名을 하였다・日本帝國主義者의 敗亡으로 因하야 擧世가 기뻐 뛰는 中에 있어서、祖國의 解放을 眼前에 目睹하면서 三千萬韓國民族이 欣喜雀躍하는 中에 있어서、本政府가 近三十年間에 晝夜로 그리든 祖國을 向하야 前進하려는 前夕에 있어서、일즉이 祖國의 獨立을 完成하기 爲하야 本政府를 愛護하고 督勵하던 絶對多數의 同포와 또 이것을 爲하야 本政府와 流離轉전하면서 共同奮鬪하던 同포의 앞에 本政府의 抱負를 告하려 할 때에 本主席은 非常한 感奮을 禁하지 못하는 바이다。

一國의 興亡과 一民族의 盛衰가 決코 偶然한것이아니다。우리의 國運이 斷絶되는때 있어 必然的因素가 許多하였다하면 今日에 祖國이 解放되는때 있어 刻苦하고 壯絶한 努力이 있었을것은 三尺의 童子도 알수있는것이다。萬一 許多한 우리先烈의 寶貴한 熱血의 代價와 中・美・蘇・英等同盟軍의 英勇한 戰功이 없었으면 어찌 祖國의 解放이 있을수 있었으랴? 그러므로 우리가 조國의 獨立을 眼前에 展望하고 있는 이때에 있어서는 마땅히 먼저 先烈의 業績을 追想하야 滿腔의 敬意를 올릴것이며 盟軍의 偉業을 宣揚하야 熱烈한 謝意를 表할것이다。

우리가 臨한 現階段은 建國綱領에 明示한 바와 같이 建國의 時期로 들어가려하는 過渡的階段이다。다시 말하면 復國의 任務를 아직 完全히 끝내지 못하고 建國의 初期가 開始되려는階段이다。그러므로 現下 우리의 任務는 繁多하고도 복雜하며 우리의 責任은 重大한것이다。딸아서 우리가 우리조國의 獨立을 完成함에는 우리의 一言一句와 一擧手一投足이 모도 다 影響을 주는것을 明白하게 認識하고 每事를 臨할 때에 먼저 緻密하게 分析하야 明確한 判斷을 나리고 明確한 判斷우에서 勇氣있게 處理하어야 된다

本政府는 이때에 當面政策을 如左히 制定頒布하얏다。이것으로써 現階段에 處한 本政府의 抱負를 中外에 闡明하고저 함이며 이것으로써 前進路線의 指針을 삼고저 함이다。또한 이것으로써 同포諸位의 當面路線의 指針까지 삼으려하는것이다。

親愛하는 우리同포姉妹兄弟여 우리조國의 獨立과 우리民族의 民主團結을 完成하며 國際間의 安全과 人類의 平和를 增進하기 爲하야 本政府의 當面政策을 實行하기에 共同努力하자!

臨時政府當面政策

一、本臨時政府는 最速期間內에 곧 入國할것

二、우리民族의 解放及獨立을 爲하야 血戰한 中・美・蘇・英等友邦民族으로 더부러 切實히 提携하고 聯合國憲章에 依하야 世界一家의 安全及平和를 實現함에 協助할것

三、聯合國中의 主要國家인中・美・蘇・英・法五强에 向하야 먼저 友好協定을 締結하고 外交途徑을 另闢할것

四、盟軍駐在期內에 一切必要한 事宜를 積極協助할것

五、平和會議及各種國際集會에 參政하야 韓國의 應有한 發言權을 行使할것

六、國外任務의 結束과 國內任務의 展開가 서로 接續됨에 必需한 過渡措置를 執行하되 全國的普選에 依한正式政權이 樹立되기까지의 國內過渡政權을 樹立하기 爲하야 國內外各階層・各革命黨派・各宗教集團・各地方代表와 著名한 各民主領袖會議를 召集하도록 積極努力할것

七、國內過渡政權이 樹立된 卽時에 本政府의 任務는 完了된것으로 認하고 本政府의 一切職能及所有物件은 過渡政權에게 交還할것

八、國內에서 建立된 正式政權은 반드시 獨立國家・民主政府・均等社會를 原則으로한 新憲章에 依하야 組織할것

九、國內의 過渡政權이 成立되기 前에는 國內一切秩序와 對外一切關係를 本政府가 負責維持할것

十、同胞의 安全及歸國과 國內外에 居住하는 同포의 救濟를 迅速處理할것

十一、敵의 一切法令의 無效와 新法令의 有效를 宣佈하는 同時에 敵의 統治下에 發生된 一切罪犯을 赦免할것

十二、敵産을 沒收하고 敵교를 處理하되 盟軍과 協商進行할것

十三、敵軍에게 被迫出戰한 韓籍軍人을 國軍으로 編入하되 盟軍과 協商進行할것

十四、獨立運動을 妨害한 者와 賣國賊에 對하야는 公開的으로 嚴重히 處分할것

大韓民國二十七年九月三日

大韓民國臨時政府國務委員會主席 金九

임시정부가 발표한 당면정책

를 둘러싸고 정부와 야당이 대립하게 되었다. 서안에서 돌아온 김구 주석은 8월 21일 의정원회의에 참석해 서안에 다녀온 경과를 보고하는 한편, "현직 국무위원은 총사직할 필요가 없다"는 것과 정부 주도하에 "입국을 위한 준비가 진행되고 있다"고 답변했다. 야당측의 요구를 정면으로 거부한 것이었다.

의정원에서 합의를 이루지 못하자, 임시정부는 국무회의의 결의대로 환국방침을 결정했다. 9월 3일 해방 후 처음으로 국민들을 향해 임시정부의 공식적인 입장을 밝혔다. 주석 김구 명의로 「국내외 동포에게 고함」을 발표한 것이 그것이다. 이를 통해 해방은 "허다한 우리 선열의 보귀寶貴한 열혈의 대가와 중·미·소·영 등 동맹군의 영용한 전공"에 의한 것이라고 전제하면서, 향후 임시정부가 추진해나갈 당면정책 14개 조항을 발표했다.

주요한 핵심은 임시정부는 현 정부 형태로 환국한다는 원칙하에 국내에 들어가 과도정권을 수립한다는 것이었다. 그리고 과도정권이 수립되면, 임시정부의 모든 것을 과도정권에 인계할 것이고, 임시정부는 과도정권이 수립될 때까지 정부로서의 역할을 수행한다고 했다.

일본 대표가 항복문서에 서명하는 모습

조국으로 귀국하는 길

해방이 되었지만, 국내로 귀국하는 길은 간단치 않았다. 중경이 중국 대륙 서남쪽에 치우쳐 있어 거리가 멀다는 것이 큰 이유였다. 많은 인원이 이동할 수 있는 교통편을 마련하기가 쉽지 않았던 것이다. 또 중국 각 지역에 이주해 있는 교포들과 일본군으로 끌려나왔던 한인청년들을 비롯해 해결해야 할 문제들도 적지 않았다.

환국과 관련된 문제들은 주로 국무회의에서 논의되고 결정되었다. 환국에 앞서 풀어야 할 문제들이 많았지만, 임시정부가 해결하지 않으면 안 되는 문제는 크게 두 가지였다. 중국 각지에 산재해 있는 교포들의 생명과 재산을 보호하고 이들을 안전하게 국내로 귀국시키는 것이 그 하나였고, 다른 하나는 일본군에 끌려나온 한인사병들에 대한 문제였다.

중국 대륙 각지에는 많은 한인들이 이주해 있었다. 만주지역을 포함하여 4백만 정도로 추산될 정도였다. 국무회의에서는 이들에 대한 조사와 보호, 귀국의 방도 등을 마련하기 위해 한교선무단을 조직하기로 하고, 화북·화중·화남의 세 구역으로 나누어 선무활동을 하도록 했다. 또 일본군안에 있는 한인사병들은 광복군으로 편입한다는 방침을 정했다. 일본군에는 학병·징병 등 약 2만8천명 정도의 한인청년들이 있었다. 중국 정부에 일본군에 대한 항복을 접수하면 그 안에 있는 한인청년들은 광복군에 인계해달라는

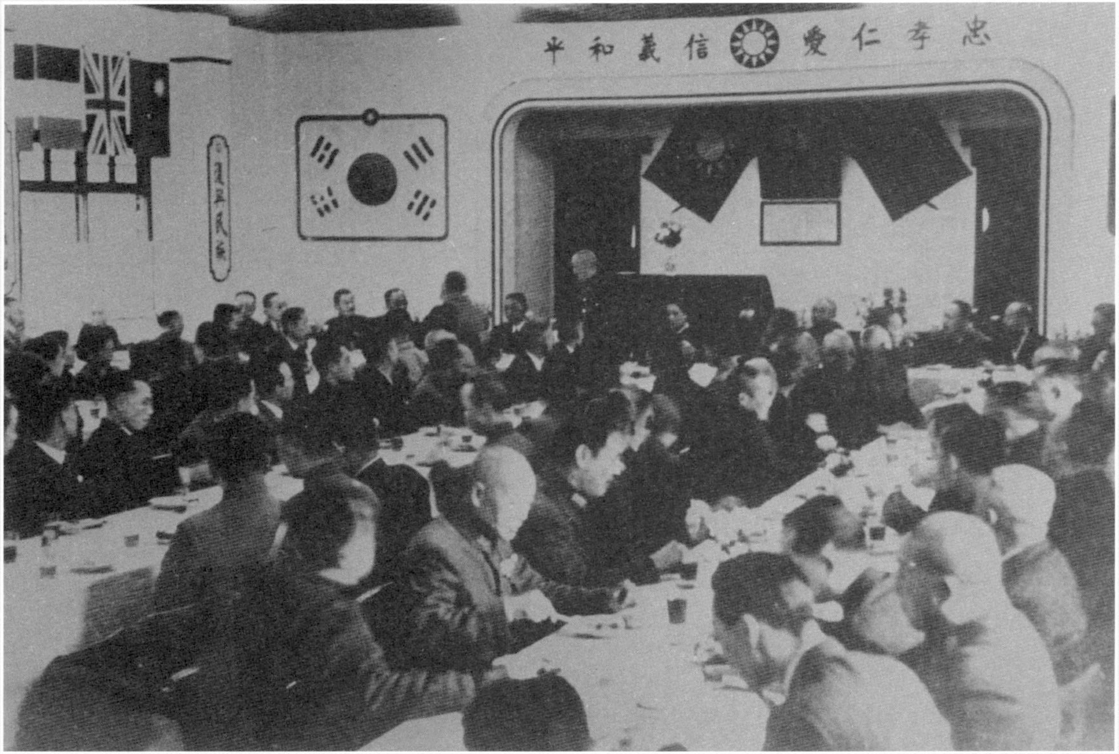

임시정부 환송연

교섭을 전개했고, 광복군 대원을 각지로 파견해 이들을 접수하도록 했다.

이와 함께 환국의 방법에 대해 중국과 미국을 상대로 교섭을 전개했다. 임시정부가 중국 영토 안에서, 더욱이 중국 정부와 긴밀한 관계를 유지하며 활동했기 때문에 중국과의 교섭은 당연한 절차이기도 했다. 그리고 환국에 필요한 교통편과 소요경비를 의뢰하지 않을 수 없는 현실적인 문제도 있었다. 또 연합국의 주요 당사자인 미국과의 교섭도 필요했다. 특히 미국은 해방 직후 38선 이남지역을 점령해 군정을 실시하고 있어, 국내로 귀국하기 위해서는 미국의 승인을 얻지 않을 수 없었다.

여러 절차와 준비를 거쳐, 10월 중순경 환국 문제가 가시화되었다. 노선은 우선 중경에서 상해로 이동하고, 상해에서 국내로 들어간다는 방침이 정해졌다. 그리고 교통편은 중경에서 상해까지는 중국 측이, 상해에서 서울까지는 미국 측이 부담하기로 결정되었다. 내부적으로도 임시정부 요인과 가족들의 귀국 방법이 마련되었다. "주석을 비롯해 가족이 없는 국무위원과 원로 선생님들은 먼저 비행기로 출발"하고, 나머지 인원들은 교통편 사정이나 생활의 정리 등에 따라 귀국한다는 것이었다.

임시정부의 환국이 결정되면서, 중국의 여러 기관에서 환송연을 베풀었다. 10월 24일 중국국민당이 임시정부의 국무위원 및 각 부

중경의 임시정부 청사에서 환국 기념. 맨 앞열 오른쪽에서 세번째가 황학수

장, 의정원 의원 등 60여 명을 상청화원으로 초대했고, 이외에 한중문화협회를 비롯해 여러 민간단체의 환송연이 이어졌다. 당시 중경에 주재하고 있던 저우언라이周恩來와 중국공산당 중앙의장인 둥비우董必武가 국무위원 전체를 초청해 송별연을 베풀기도 했다. 떠나기 전날인 11월 4일에는 장제스가 임시정부 국무위원을 비롯한 주요 인사들을 초청해 다회茶會를 열고, "빠른 시일에 독립을 완성하기 바란다"며, 임시정부의 환국을 축하해 주었다.

황학수는 국무위원으로서 임시정부의 환국을 준비하고, 중국 측의 각종 환송연에도 참여했다. 마침내 상해로 가는 비행기가 마련되었다. 비행기는 두 대였고 탑승인원은 29명이었다. 주석 김구를 비롯한 국무위원, 그리고 경위대원을 포함한 탑승인원이 결정되었다. 황학수는 이들과 함께 11월 5일 중경을 출발, 다섯 시간 만에 상해에 도착했다. 그가 상해를 떠난 것이 1920년이었으니, 25년 만에 다시 상해 땅을 밟은 것이다.

그러나 해방된 조국으로 들어가는 길은 쉽게 열리지 않았다. 미군정이 임시정부 명의가 아닌, '개인자격'으로 입국해야 한다는 방침을 내세운 것이다. 더욱이 미군정에서는 개인자격으로 입국한다는 서약서에 사인을 해야 맞아들이겠다는 조건을 붙였다.

주석을 비롯한 국무위원들은 상해에서 국무회의를 열어, 이 문제를 논의했다. 국무위원들은 미군정의 요구가 모욕적인 처사라

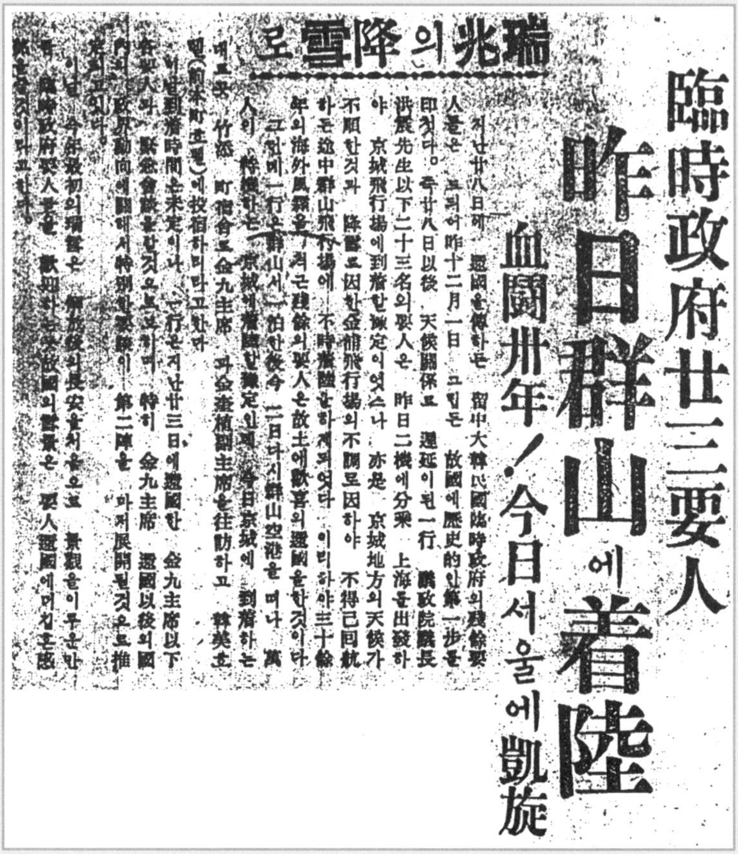

臨時政府廿三要人
昨日群山에着陸
血鬪卅年! 今日서울에凱旋

瑞兆의降雪로

지난廿八日에 還國을俟하든 留中大韓民國臨時政府의殘餘要人들은 드듸어昨十二月一日 그립든 故國에歷史的인第一步를印첫다。즉廿八日以後 天候關係로 遲延이된一行 議政院議長洪震先生以下二十三名의要人은 昨日二機에分乘 上海를出發하야 京城飛行場에到着할豫定이엿스나 亦是 京城地方의天候가不順한것과 降雪로因한金浦飛行場의不調로因하야 不得已回航하든途中群山飛行場에 不時着陸을하게되엿다 이리하야三十餘年의海外風霜을 겪근殘餘의要人은故土에歡喜의還國을한것이다

그런데一行은群山서一泊한後今 二日다시群山空港을 떠나 萬人이 待望하는 京城에到着할豫定인데 今日京城에 到着하는要人들은 竹添町宿舍로金九主席 과金奎植副主席을往訪하고 韓美호텔(前米町호텔)에投宿하리라고한다

그런데到着時間은未定이나 一行은지난廿三日에還國한 金九主席以下各要人과 緊急會議를할것으로보히며 特히 金九主席 還國以後의國內의 政界動向에關해서特別한協議이 第二陣을 마저展開될것으로推測되고잇다。

이날 今朝最初의瑞雪은 解放後의長安을서울로 景觀을이루운바 특 臨時政府要人들을 歡迎하는故國의瑞氣는 要人還國에미칠感無量할것이라고한다。

1945년 12월 1일 군산에 도착 보도 기사

며, 이를 받아들일 것인지 말 것인지를 두고 격론을 벌였다.의견이 분분했으나 결국 사인을 하기로 결정을 내렸다.그리고 11월 19일 김구는 중국전구 미군사령관인 웨드마이어에게 '개인자격의 귀국' 이라는 서약서를 제출했다.

그제서야 길이 열렸다. 11월 20일, 미군정에서 비행기 한 대를 상해로 보내왔다. 비행기의 탑승인원수는 15명이었다. 상해에 도착한 인원이 모두 29명이었으니, 이들이 한꺼번에 귀국할 수 없었다. 국내로 들어가는 순서를 제1진과 제2진으로 나누어야 했다. 주석 김구와 부주석 김규식을 비롯한 15명이 제1진이 되었고, 이들은 11월 23일 국내로 떠났다.

황학수는 제2진이었다. 제1진이 떠난 후 1주일 만에 다시 미군정이 비행기를 보내왔다. 황학수는 의정원 의장 홍진과 국무위원 조성환·장건상·김붕준·성주식·유림·김성숙·조경한 등을 비롯해, 외교부장 조소앙, 재무부장 조완구, 법무부장 최동오, 군무부장 김원봉, 내무부장 신익희, 수행원 노능서·서상열·이계현·윤재현·안우생, 그리고 무전기사 3명 등 모두 22명과 함께 비행기에 올랐다. 1945년 12월 1일이었다.

상해를 출발한 비행기는 여의도비행장에 다다랐다. 그러나 폭설이 내려 착륙하지 못했다. 착륙할 곳을 찾아 남쪽으로 향했다. 저녁이 되어서야 군산비행장에 도착해 고국 땅에 내렸다. 이들은 자동

환국한 임시정부 요인들

차로 이동하여 논산에서 하룻밤을 묵고 다음날 대전에서 다시 비행기를 이용해 서울에 도착했다. 12월 2일이었다. 뜻하지 않은 여러 장애로 험난한 귀국길이 되었다.

고향에서 삶을 마감하다

제2진이 도착하면서, 임시정부 요인들은 모두 환국했다. 일제가 항복한 지 3개월이 훨씬 지난 후였다. 중국 중경에서 해방된 고국으로 돌아오는 길이 그렇게 쉽지만은 않았던 것이다. 귀국길이 쉽지 않았던 만큼이나, 국내에 돌아와 임시정부 이름으로 활동하기도 어려웠다.

황학수는 귀국한 후, 임시정부와 함께 활동했다. 임시정부 요인들은 제2진이 서울에 도착한 다음날인 12월 3일, 주석 김구의 숙소인 경교장에 모였다. 제1진으로 귀국한 주석 김구와 부주석 김규식, 제2진으로 귀국한 의정원 의장 홍진을 비롯해 국무위원과 각 부장 14명, 그리고 미국에서 활동하던 이승만까지 참여했다.

임시정부 요인들이 국내에서 갖는 첫 모임이었다. 당시 신문은 이 모임을 '전각료일당에 회합, 작일 환국 후 최초의 국무회의' 라는 활자를 뽑아 보도했다. 국내에 입국한 임시정부가 주석의 숙소에서 첫 국무회의를 개최한 것이다.

미국 측의 요구에 의해 '개인자격' 을 전제로 입국했지만, 임시정부 요인들은 그렇게 생각하지 않았다. 김구는 기자들이 '정부' 로들어 온 것이냐 '개인자격' 으로 온 것이냐를 묻자 "내가 왔으니 정부도 왔소"라고 했다. 임시정부의 공식적인 입장도 마찬가지였다. 선전부장 엄항섭은 "대외적 국제관계에 있어서는 개인자격이겠지만, 국내에 있어서는 정부자격으로 해석해야 할 것"이라고 한 것이다.

국민들의 생각도 다르지 않았다. 국민들은 이들을 임시정부 이름으로 환영했다. 국내의 여러 단체와 주요 인사들이 주석을 비롯한 임시정부 요인 전원을 초청해, 이들의 귀국을 환영하는 대규모 행사를 개최한 일이 있다. 12월 19일, 덕수궁에서 열린 '대한민국임시정부개선환영회' 였다. 국민들은 임시정부 이름으로 이들을 환영한 것이다.

그러나 현실은 냉엄했다. 임시정부가 정부로서 활동할 수 있는 조건이나 공간이 허용되지 않았다. 미군정은 임시정부 요인들이 모두 귀국한 직후인 12월 4일 "임시정부는 조선에서 정부로서 승인되지 않았고, 또 존재하지도 않는다. 그러므로 행정권은 곧 양도되지 않는다"며, 임시정부의 활동을 용납하지 않을 것임을 밝혔다.

특히 모스크바3상회의 이후 신탁통치 문제를 계기로 해서 미군정과 커다란 충돌을 빚었고, 이후 임시정부의 입지는 더욱 어려워

임시정부개선 환영회

歡 大韓民國臨時政府凱
ELCOME
大韓民國臨時政府万歲

졌다. 활동여건과 입지를 마련하기 위한 방편의 하나로 1946년 2월 임시의정원을 계승하는 비상국민의회를 설립했다. 하지만 세력은 분열되어 나가고, 정치적인 입지는 점점 좁혀졌다.

황학수는 국내에 귀국한 후, 국무회의에 참석한 것을 비롯해 임시정부와 보조를 같이했다. 임시정부를 환영하는 각종 행사에도 국무위원으로 참석하는 한편, 한국독립당에서도 중앙감찰위원장의 직책을 그대로 갖고 활동을 계속하고 있었다. 그리고 단군전봉건회 고문, 단군귀일회 부총재, 대종교교의회 의장 등을 맡아 활동하기도 했다.

건국에 대한 견해나 의견을 개진하기도 했다. 황학수는 여러 곳에서 건국에 관한 문제와 향후 한국사회가 나아갈 길 등에 대한 글을 청탁받았다. 현재까지 확인된 그의 글은 두 편이 있다. 하나는 가정생활에서 고쳐야 할 습관을 지적한 것이었고, 다른 하나는 국방군의 편성과 관련된 것이다.

황학수는 일평생을 군인으로 살아왔다. 군인으로 나라가 망하는 것도 보았고, 빼앗긴 나라를 되찾기 위해 30년 가까이 독립군으로, 또 광복군으로 활동하기도 했다. 이제 조국이 해방되고 새로이 국가를 건설해야 하는 과정에서 황학수는 〈장래의 국방군〉이란 글을 통해, 군대의 중요성을 강력히 주장했다.

임진왜란이나 병자호란, 그리고 일제의 침략을 받고 국치를 당

단군성전(위), 대종교총본사(아래)

한 것이 모두 강력한 군대를 갖추지 못한 데서 비롯되었다는 것이 황학수의 생각이다. 그는 일제가 다시 섬으로 돌아갔지만, 또 있을 침략에 대비해야 한다고 했다. 이를 위해 국방군은 육해군을 모두 갖추어야 하고, 국민개병제도를 실시하고, 적어도 50만 명의 상비군을 편성할 것을 주장한 것이다.

황학수는 같은 글에서, 국방군의 편성과 함께 군인들에 대한 교육도 실시해야 한다고 했다. 최소한 군인이 자신의 본분을 알 수 있을 정도의 보통교육이 필요하고, 애국사상을 고취시켜야 한다는 것이었다. 그는 만주에서 독립군을 모집해 편성하는 활동을 하면서, 노동야학을 실시한 적이 있었다. 서간도에서도 그랬고, 북만주와 동만주에서도 그랬다. 우선 글을 깨우치고 보통지식을 갖추게 한 후에 독립군으로 활동하게 한 것이다. 그는 마적단도 보았고, 중국의 각종 군대들도 보았다. 그들 대다수가 문맹이었다. 글을 모르니, 군인들이 자신의 본분이나 의무를 제대로 깨달을 수 없었다. 그런 군인들을 가지고서는 독립운동도 할 수 없고, 나라를 지킬 수도 없다는 것이 그의 생각이었다.

귀국 후, 여러 곳에 참여도 하고 의견을 피력하기도 했지만, 마음대로 되지 않았다. 황학수의 나이 이미 70세에 가까웠고, 또 미군들이 통치하고 있는 미군정하에서 활동할 수 있는 여건이나 공간이 없었다. 그리고 시간이 갈수록 임시정부의 존재도 잊혀져갔고, 그

將來의 國防軍

黃學秀

우리 나라가 中葉 時代까지는 自强한 武力으로 特色의 旗幟를 東洋에 날렸던것은 歷史上으로 證明하는바이다。支那 列國 時代에 山東의 位置를 둔 魯國 宮庭 附近에 大弓이 날개에 박힌 큰 기러기가 떨어지거늘 魯王이 左右 諸臣에게 何國의 大弓이냐 묻으되 아는 사람이 없거늘 孔子를 請하여 물으니 그의 對答이 肅愼나라 화살인대 興安嶺 줄로 활촉을 하게 되므로 맞는 軍人은 살이 썩는다 하였읍니다。元來의 中國人은 우리를 東夷라 하였던것이다。나라 位置가 東方이란 東字며 大弓을 使用하므로 夷字를 合하여 말하였던것이다。우리의 金나라 時代에는 兵力이 매우 强盛하여 中原을 進攻하여 南으로 徐州까지 數千里를 占領하며 元帝를 降伏받았다。高麗 中葉 時代부터 兵弱함을 因하여 隣國의 蹂躙을 받기 시작하였으며 李朝 壬辰 倭亂에 國家가 거의 없어질번 하였으나 其後에도 兵備에는 等閑視하기는 前과같아서 丙子 胡亂에도 胡兵을 擊退치 못하고 國恥를 當하였으나 如前히 武備는 조금도 없었다。過去 甲午年 以後에 兵力이 强盛하였더면 倭놈의 侵略을 받지 아니하였을것이다。世界 第二次 大戰이 끝나고 倭놈은 돼지가 四肢에 춤어저 입부리로 자라는 百穀을 파헤치다가 洞中人 뭇몽이 바람에 쫓겨 울안에 들어갔으나 다시 나올 날이 있는것과 같이 倭놈의 侵略이 또 있게 될는지 모르는바이다。우리 나라는 半島이므로 陸海軍 準備가 다 있게되어야 할것이므로 國民 皆兵制度를 實施하여 五十萬인 常備兵이 있어야 國防의 準備가될것이다。過去 四十年 동안 倭놈의 蹂躙을 받아 祖國的 精神 敎育을 받지 못했다는 것보다 國文 한자도 모르는 無知識 分子가 三千萬 民衆의 過半數가 되는바 國軍이 되자면 먼저 普通知識이 있게 되어야 軍人의 本分을 알게 될것이다。世界 第二次 大戰時에 參加한 隣邦 어느 나라 數百萬의 軍人이 自己 나라의 글 한자도 모르게 된 無知識 階級의 한 사람이 全國人 數의 七割 以上이나 되므로 따라서 軍事 知識이 一點만큼도 없게 되어서 國家가 거의 없어질번 한것을 目睹한바가 있으므로 國民의 一人도 빼지 말고 普通 知識부터 普及 시켜야 될것이며 또는 國民皆兵 時代와 같이 國民의 義務를 몰라서는 아니 될것인즉 愛國 思想을 鼓吹시켜야 될것이다。

국군의 편성을 주장한 장래의 국방군

역할이 제한받기도 했다. 이러한 여러 가지 상황도 작용했지만, 무엇보다도 황학수는 정치적인 데 관심이 없었다.

황학수는 고향으로 내려갔다. 그의 고향은 충청북도 제천이었다. 그는 서울에서 태어났지만, 어려서 성장한 제천을 고향으로 생각하고 있었고, 제천사람으로 살았다. 제천에서도 그를 고향사람으로 여기고 있었다. 그가 귀국했을 때 제천에서 성대한 환영회를 개최했다. 황학수의 회고록에는 고향 제천에 대한 그리움과 애정이 짙게 배어 있다.

그는 제천에서 고향사람들과 함께 말년을 보냈다. 제천에서의 생활이 구체적으로 드러나지는 않는다. 단지 〈황학수한시〉라는 필사본에서 그 일단을 엿볼 수 있다. 여기에는 그와 고향사람이 주고받은 한시 160여 편이 수록되어 있다.

해방된 조국에 돌아온 그가 가장 안타깝게 여긴 것은 38선이었다. "국내에 들어와 보니 유한이 되는 것은 오직 38선이라"며 가슴 아파 했다.

결국 그 38선이 빌미가 되어 6·25 전쟁이 일어났다. 그는 동족상잔의 비극이 벌어지는 현실을 차마 눈 뜨고 볼 수 없었던 것 같다. 1953년 3월 12일, 황학수는 제천군 금성면 중전리에서 눈을 감았다.

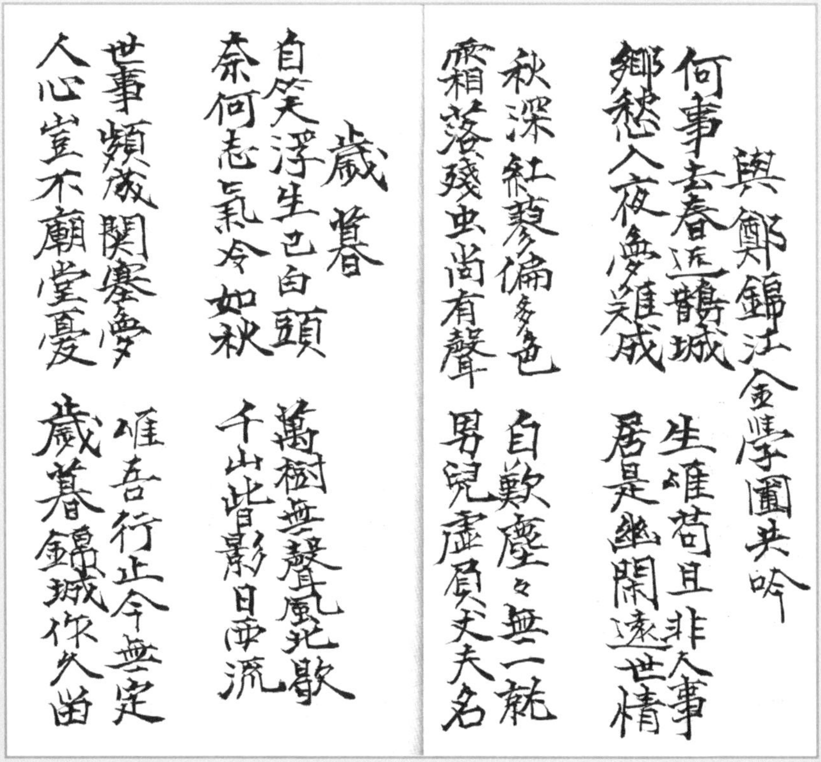

與鄭錦江金學圃共吟

何事去春返鶴城 鄉愁入夜夢難成
秋深紅蓼偏多色 霜落殘虫尚有聲
生涯苟且非人事 居是幽閑遠世情
自歎塵塵無一就 男兒虛負丈夫名

歲暮

自笑浮生已白頭 奈何志氣冷如秋
萬樹無聲風先歇 千山皆影日西流
世事頻繁關塞夢 人心豈不廟堂憂
唯吾行止今無定 歲暮錦城作久留

제천에서 고향사람들과 주고 받은 한시

글을 마치며

황학수는 1879년에 태어나 1953년에 생을 마감했다.

조선후기에 태어나 대한제국, 일제의 식민지시기와 임시정부, 그리고 대한민국을 거친 삶을 산 것이다. 한민족에게 있어 이 시기는 '격동의 시대' 였다. 그는 이 시기를 조국과 민족을 위한 최전선에서, 군인으로 살아왔다. 대한제국의 군인, 만주에서의 독립군, 임시정부의 한국광복군이 그가 살아간 삶의 전부나 다름없었다.

황학수는 1898년 대한제국 육군무관학교에 입학하면서, 군인의 길로 들어섰다. 1900년 1월 제1기생으로 졸업, 대한제국 국군의 참위로 임관되었다. 이후 시위대·친위대·진위대를 비롯해 육군연성학교·육군유년학교 등을 거치며 장교로서 복무하고 활동했다. 1907년 8월 일제에 의해 군대가 해산되면서, 대한제국 군인으로서의 삶도 마감되었다. 군수 혹은 일본유학을 지원하라는 권유를 뿌리치고, 그는 군대해산과 동시에 고향으로 내려갔다.

그의 삶은 독립군으로 이어졌다. 동기생인 김학소에게 만주지역이 독립군 양성에 적합하다는 말을 들은 것이 계기가 되었다. 독립군 양성을 위한 군자금 마련을 위해 금광을 시작했지만, 가산만 탕진하고 말았다. 3·1운동 직후 만주에서 김학소와 함께 독립군을 양성해 활동하겠다는 꿈을 안고 중국으로 망명했다. 상해에서 임시정부에 참여, 1년여동안 군무부와 육군무관학교에서 교관을 지내기도 했다. 그렇지만 그의 꿈은 만주에 있었다.

1920년말 만주를 향해 상해를 떠났다. 이후 1933년까지 만주에서 독립군으로 활동하였다. 만주로 향하는 길에 북경에서 독립군 단체들의 통일을 추진한 군사통일회의에 관여한 일도 있었다. 김학소를 찾아가던 그의 발걸음은 서간도에서 멈췄다. 이상룡을 만나 그와 함께 서로군정서를 재건한 것이다. 청산리전투 이후 주력부대가 자유시로 이동하여 조직이 분산 와해된 서로군정서를 재건하고 참모장·군사부장을 맡아 활동하였다. 그러나 자신이 총사령관으로 추천한 박용만에 대한 문제가 발생하면서, 서로군정서를 떠났다.

그는 북만주에 도착, 김학소를 만났다. 자유시로 이동하였던 김학소는 북만주로 돌아와 신민부를 조직하여, 중앙집행위원장으로 활동하고 있었다. 그는 신민부의 참모부위원장이 되어, 군사부위원장인 김좌진과 군사활동을 전담하였다. 돈화를 중심으로 한 동만주에까지 군구를 개척하고, 마적단과 연합을 이루고, 국내진입을 위한 작전지도를 작성하는 등, 그의 역량을 마음껏 발휘하고 있었다. 그러나 그가 믿고 의지하였던 김학소가 일제에 피체되고, 3부 통합운동을 계기로 신민부도 해체되었다. 또한 함께 신민부를 지키며 활동하였던 김좌진마저 공산주의자에게 암살당하는 일을 겪게 되었다.

1930년, 그는 홍진洪震·이청천李靑天 등과 함께 활동을 재개하였다. 한국독립당을 조직하고, 그 당군으로 한국독립군을 조직한 것이다. 당에서는 홍진 위원장과 함께 부위원장을, 군에서는 이청천 총사령관과 더불어 부사령관을 맡았다. 그리고 북만주와 동만주 일대를 무대로 하여 중국의 구국군과 연합, 경박호전투·사도하자전투·동경성전투 등 일본군과 치열한 대일항전을 전개했다. 그러나 1933년 말 뜻하지 않은 사건이 터졌다. 중국의 오의성吳義成부대가 한국독립군을 포위, 체포 구금한 일이 일어난 것이다. 이를 계기로 당과 군은 중국 관내로 이동하였고, 독립군으로서의 삶도 나래를 접게 되었다.

황학수는 임시정부를 찾아 중국관내로 이동하였고, 이후 한국광복군으로 활동하였다. 그가 임정에 합류한 것은 1938년, 호남성 장사長沙라는 곳이었다.

1934년초 북만주를 출발한 그는 북경·내몽고를 거쳐, 4년여만에야 임시정부를 찾아왔다. 혼자서 중국대륙을 가로지르는 그야말로 '고난의 대장정'이었다.

임정에서는 그를 군사위원회 위원으로 선임하였다. 이로써 그는 18년여만에 다시 임정의 군무부에서 군사정책과 계획을 맡게 되었다. 임정의 군사정책은 '군대를 편성하여 대일항전에 참전한다' 는 것에 맞춰져 있었다.

1939년 기강綦江이란 곳에 도착하면서, 임정은 이를 추진하기 시작하였다. 광복군을 편성하기로 한 것이다. 문제는 병력이었다. 병력을 모집하는 것이 광복군 창설의 핵심이요, 일차적 과제였다. 당시 임정이 있던 기강이나 중경에는 한인청년들의 그림자조차 찾을 수 없었다. 한인청년을 만날 수 있는 곳은 일본군 점령지역이었다.

황학수는 병력을 모집하는 책임을 맡았다. 1939년 10월 조성환 등과 함께 군사특파단에 임명, 섬서성 서안으로 향했다. 서안은 일본군이 점령하고 있는 화북지역과 최전선을 이루고 있었다. 서안에 거점을 마련하고, 일본군 점령지역에 들어가 그곳에 이주해 있는 한인청년들을 대상으로 초모활동을 전개하기 시작하였다. 이들이 초모활동을 전개하면서, 임정은 우선 지휘부인 총사령부만을 구성하여 광복군을 창설하였다. 1940년 9월 17일 중경에서 총사령부성립식을 거행하고, 광복군을 창설한 것이다.

광복군은 창설 후 총사령부를 서안으로 이전하였다. 총사령부를 전방지역으로 옮겨 적극적인 군사활동을 전개하려는 것이었다. 창설 당시 부관처장이었던 황학수는 서안총사령부의 총사령 대리로 임명되었다. 총사령 이청천은 중국과의 교섭을 위해 중경에 남고, 황학수가 총사령부의 총책임을 맡게 된 것이다.

광복군의 활동은 서안에 총사령부를 설치하면서 시작되었다. 황학수는 총사령 대리로 광복군의 초석을 마련하였다. 서안에 총사령부를 설치하면서, 총사령부 예하에 단위부대로 4개 지대를 편제하여 군대로서의 체제를 갖추었다. 그리고 중국 각지역을 대상으로 초모활동을 전개하였다. 창설 4개월여만인 1940년 말 광복군의 병력 1백여명 이상을 확보하였고, 이후 초모활동을 통해 그 숫자는 크게 늘어났다.

황학수는 서안에 거점을 마련하고, 이를 중심으로 초창기 광복군의 기반과 초석을 마련하였다. 이로써 광복군이 군사조직으로서의 모습을 갖추게 되었다. 그러나 광복군이 중국군사위원회의 간섭과 통제를 받게 되었고, 총사령부를 중경으로 철수하라는 명령이 내려졌다. 황학수는 1942년 10월 중경으로 귀환하였다. 이후 1943년 광복군의 고급참모라는 직책이 있었지만, 사실상 광복군으로서의 활동을 마감한 셈이었다.

황학수는 군인 이외에 다른 곳에 관여하기도 하였다. 상해로 망명한 후 임시정부에 참여하여 군무부에서, 또 임시의정원에서 의원으로 활동한 일이 있었다. 그리고 조선혁명당과 한국독립당에서 직함도 있었고, 임시정부로 합류한 후, 또다시 임시의정원 의원으로 선출되기도 하였다. 또 중경으로 귀환한 후 임시정부의 국무위원으로 선임되었고, 정부의 각료인 생계부장으로 활동하기도 하였다. 그렇지만 크게 활동한 것은 아니었다. 그는 정치에는 별다른 관심이 없었다.

황학수의 인생역정을 살펴보면서, 특기할 만한 몇 가지가 있다. 하나는 대한제국 육군무관학교 동기생 김학소와의 관계이다. 군대해산 후 제천에 낙향해 있던 그의 삶을 바꾸어 놓은 것이 김학소였다. 만주에서 독립군을 양성하여 활동하겠다며 국외로 망명을 결심하게 된 것도, 또 임시정부와 만주에서 활동할 때도, 그가 믿고 의지하였던 것은 김학소였다. 김학소는 그의 인생에 있어 동료이자 정신적 지주였다고 생각된다. 그러나 김학소의 피체로 인해, 그와의 만남과 활동은 오래 지속되지 못하였다.

그의 활동범위와 여정도 특기할만하다. 그는 주로 만주와 중국대륙에서 활동하였다. 만주지역에는 남에서부터 북쪽과 동쪽에 이르기까지 그의 발길이 미치지 않은 곳이 없을 정도였다. 그리고 상해에서 북경을 거쳐 만주로, 다시 만주에서 북경과 내몽고를 거쳐 장사에 도착하기까지, 그는 중국대륙을 왕복으로 관통하기도 하였다. 특히 4년여에 걸쳐 만주에서 임시정부를 찾아가는 길은 '고난의 대장정' 이 아닐 수 없었다.

그는 군인으로 활동하면서도 야전군인, 그리고 뛰어난 전략가로서의 면모를 갖고 있었다. 군인으로 활동하는 동안, 그는 대부분을 최전선에서 활동하였다. 만주에서는 직접 한인촌에 파고들어 한인 청년들을 만나고, 야학을 하며, 때로는 일본관할지역에 들어가 군구를 개척하고 확대해 나갔다.

광복군을 창설할 때도 마찬가지였다. 일본군 점령지역에 있는 한인청년들을 대상으로 병력을 모집하기 위해 군사특파단으로 최전방인 서안에 나가 활동한 것이다. 그리고 신민부에서 활동할 때 국내로 특파원을 보내 국내진입을 위한 계획과 작전지도를 작성한 것이나, 미일간에 태평양전쟁이 발발할 것을 예견한 것은 뛰어난 전력가로서의 면모였다.

1941년 6월 미국의 해군과 공군의 군사력이 태평양 연안에 배치된 상황을 각종 통계자료와 지도를 통해 설명하면서, 미일간에 전쟁이 일어날 것이라고 예견 한 것이다. 그리고 전쟁이 발발하면 미국은 일본을 어떻게 공격할 것이라는 것도 나름대로 예측하고 있었다.

황학수, 그는 일평생을 군인으로 살았다. 1898년 대한제국 육군무관학교에 입학한 이래 대한제국군인으로, 만주의 독립군으로, 그리고 임시정부의 한국광복군으로 활동하였다. 50여년 동안 군인의 길을 걸은 것이다. 대한제국 국군의 장교 출신이 독립군, 광복군으로 활동한 인물은 황학수가 유일한 존재가 아닌가 한다. 다른 무엇보다도 이러한 점이 황학수가 갖고 있는 가장 커다란 역사적 의미라고 할 수 있다.

황학수의 삶과 활동

출생

1879년 6월 10일 서울에서 부친 황두연과 모친 홍씨의 4형제 중 3남으로 출생. 본관은 창원, 자는 필옥, 호는 몽호, 별명 고집, 가명 이국현

1884년 어머니 홍씨와 충북 단양군 어상천면 대전리 삼화동으로 이사. 이후 10여년 간 허선생에게서 한학을 수학하며 성장

1893년 정월 정희섭의 딸(19세)과 결혼. 부친이 서울의 가족들을 데리고 낙향

1894년 동학당에 가입하였다가 부친과 장인의 만류로 탈당

1895년 부친, 모친 사망. 서울로 이사

대한제국 군인으로서의 삶

1898년 7월 1일 대한제국 육군무관학교 제1기생으로 입학

1900년 1월 19일 김학소 등 128명과 함께 제1회로 대한제국 육군무관학교 졸업, 졸업과 동시에 육군 참위에 임관. 친위대 제1연

대 제1대대 견습생으로 근무. 9월 21일 시위대 제1연대 제3대대로 부임

1902년 시위대 대대장 이용익의 배척운동을 진압

1904년 5월 28일 시위대 제1연대 제3대대에서 제1대대로 보직. 10월 20일 친위대 제1연대 제3대대로 부임

1905년 4월 13일 부위로 진급 함. 4월 19일 육군연성학교 교관으로 발령

1906년 안동진위대 대장으로 발령

1907년 육군유년학교 교관으로 전보. 8월 1일 군대의 해산, 고향으로 낙향

1909년 6월 제천의 지방유지들과 부명학교를 설립

1910년 서울에서 무관학교 동기생 김학소를 만나 만주에서 활동하는 상황을 듣고, 만주로 가 독립군을 양성하기로 결심, 이를 위한 군자금을 마련하고자 강원도 오대산에서 금광사업을 추진, 사업 실패로 가산을 탕진

독립군으로서의 삶

1919년 3·1운동 직후 해외 망명을 결심. 서울에 올라와 둘째 아들 길성에게 독립운동의 상세한 내막을 듣고, 압록강을 건너 만주로 망명. 김학소와 연락이 되지 않자, 우선 임시정부가 있는 상해로 감. 11월 3일 임시정부 국무총리 및 총장 취임식에 참석. 11월 17일 군무부 참사에 임명. 11월 임시정부 국내 조사원에 충북 제천군 책임자로 임명

1920년 1월 20일 임시의정원에서 유정근, 이규갑, 이정규, 조동호, 유흥식과 충청도 의원으로 선출. 1월 도인권, 황일청과 함께 군무부 직속의 육군무관학교에 교관에 임명. 2월 21일 군무부 비서국장에 임명. 9월 7일 군무부 비서국장을 의원면직. 김학소를 만나기 위해 만주로 향함

1921년 4월 17일 북경에서 통일당 대표로 군사통일주비회에 참석. 4월 19일 북경에서 군사통일회를 결성하고 군사위원으로 선임. 5월 북만주 액목현에서 이상룡, 이탁 등과 함께 서로군정서를 재건하고 참모장에 선임

1923년 서로군정서 중앙총회에서 군사부장으로 선임

1924년 자신이 총사령관으로 추천한 박용만이 변절하였다는 소문이 일어나자, 군사부장을 사퇴하고 서로군정서를 떠남. 북만주로 향하던 중 마적단에 체포되었다가 위험을 모면. 액목현 무치하의 최남표를 방문, 한동안 무치하의 한인청년들에게 군사강습을 실시. 무치하에서 김학소의 편지를 받음. 액목현 황지강자에서 여준을 방문, 그의 요청으로 검성학원에서 군사강습을 실시

1926년 이도하자에 있던 신민부 본부에 도착, 김학소와 만남. 신민부 참모부 위원장에 임명. 관할구역 각지를 돌아다니며 군구를 개척하는 활동을 전개. 8월 15일 김학소, 김좌진과 함께 백두산 북대영에서 마적단과 연합회를 개최하고, 연합군대를 조직하기로 함. 총사령에는 마적단의 양호일, 황학수는 김학소, 김좌진과 함께 고문을 맡음. 신민부 군사위원장으로 별동대 30명을 데리고 돈화로 감. 중국의 동만주 최고 책임자인 도대 왕삼덕을 만나러 혼춘으로 찾아가 동만주지역에서 활동을 허용할 것을 요청하여 협조를 얻음. 그의 협조로 동만주지역에 군구제를 실시하기로 함

1927년 2월 중앙집행위원장 김학소를 비롯하여 신민부 간부 12명이 일제에 피체됨. 돈화에서 활동하던 중 김학소의 피체 소식을 듣고 곧바로 신민부 본부로 돌아옴. 신민부가 활동방향을 두고 '민정파' 와 '군정파' 로 나뉘었을 때, 김좌진과 함께 군정파를 주도. 7월 신민부의 조직을 재정비하고, 참모부 위원장에 선임. 중앙집행위원장은 김좌진

1928년 9월 길림성 신안둔에서 개최된 3부통합회의에 김좌진· 김동진 등과 함께 신민부 대표로 참석. 12월 3부통합회의에서 개인본위를 주장하였던 참의부·정의부의 일부 세력과 함께 혁신의회를 조직

1929년 5월 혁신의회를 해산. 서란현 노흑정자에 있는 이장녕을 찾아가 그곳에 머묾. 홍진·이청천·김좌진 등과 오상현 충하진에서 생육사를 조직

1930년 1월 24일 김좌진이 해림의 산시역에서 공산주의자에게 암살당함. 2월 13일 생육사 제2회 정기총회에서 중앙집행간사와 중앙상무원에 선출. 7월 위하현에서 홍진·이청천·신숙 등과 한국독립당을 결성. 위원장에 홍진, 황학수는 이진산·

이장녕과 부위원장으로 선출됨. 한국독립당을 결성한 후, 오상현 사하자를 중심으로 병력을 모집하고 군구를 개척

1931년 11월 10일 한국독립당의 당군으로 한국독립군을 편성

1932년 11월 29일 오상현 사하자에서 한국독립당과 한국독립군의 연합회의를 개최하고, 당과 군을 동만주로 옮기자는 것과 함께 한국독립군 부사령관으로 선임됨. 한국독립군을 이끌고 오상현을 출발, 동만주로 이동. 동만으로 이동 중 공진원·심만호·강진매를 길림구국군에 보내 한중연합을 타진, 길림구국군의 채세영 부대와 한중연합군을 편성

1933년 1월 13일 한국독립군과 함께 액목현을 거쳐 영안현에 도착. 2월 경박호전투. 경박호로 진군하던 일본군을 채세영 부대와 함께 포위 공격하여 승리를 거둠. 3월 사도하자 전투. 6월 동경성전투. 총사령 이청천은 한국독립군을 이끌고 왕청현 삼림지대로 이동하기로 하고, 황학수는 병력보충의 임무를 맡아 각 군구를 돌아다니며 병력을 모집하는 활동을 전개. 10월 중국의 오의성 부대가 기습 포위하여 한국독립군을 체포 구금한 사건이 일어남. 이를 계기로 한국독립군과 한국독

립당이 중국 관내로 이동. 이탁과 함께 오상현 충하진에 있는 중국인 토옥에서 은거

1934년~1937년 전에 함께 활동하였던 청년이 은거지에 찾아와 투항을 종용. 청년을 질책하여 내쫓고 이탁과 함께 남쪽으로 향함. 이후 관전, 영구, 북경을 거쳐 수원성 포두에 도착. 포두시내에서 교포를 만나, 그의 도움으로 황하강변 황초안에서 체류. 내몽고 포두 근처에 조병준 등이 건립한 한인촌을 찾아감. 이들이 결성한 의민부에서 군사부장으로 선임. 포두 한인촌에서 임시정부에 대한 소식을 듣고, 임시정부를 향해 출발. 대동에서 중국군 야전병원장으로 있는 이동필(이자해)을 찾아가 체류. 안북현을 지나다 진지를 범하였다는 이유로 중국군에 체포, 총살될 위기를 모면. 오원에 있는 마점산 부대를 방문. 마점산으로부터 극진한 환대를 받음

한국광복군으로서의 삶

1938년 마점산부대에서 체류 중 남경으로부터 연락을 받고, 부곡·유림을 거쳐 호남성 장사에 도착, 임시정부에 합류. 7월 임

시정부 군사위원회 군사위원으로 선임. 7월 임시정부와 함께 장사를 떠나 광동성 광주로 이동. 11월 임시정부와 함께 광주를 떠나 광서성 유주로 이동

1939년 5월 임시정부와 함께 유주를 떠나 사천성 기강에 도착. 10월 1일 임시정부 국무회의에서 조성환·이준식·나태섭과 군사특파원으로 선임. 10월 15일 임시의정원회의에서 홍진·안훈·신환·이상만과 함께 충청도 의원으로 보선. 10월 중순 군사특파단으로 조성환·나태섭·이준식·노복선·서파 등과 서안을 향해 중경을 출발. 10월 하순 서안에 도착하여 통제방이란 곳에 판사처를 설치

1940년 6월 중국군 제2전구 사령관 염석산의 협조를 얻어, 이준식·노태준·안춘생 등을 일본군 점령지역인 산서성 임분으로 파견하여 초모활동을 전개. 9월 17일 중경에서 한국광복군 총사령부성립식을 거행하고 한국광복군 창설. 총사령부 부관처장으로 선임. 11월 임시정부 국무회의에서 총사령부를 서안에 설치하기로 하고, 황학수를 서 안총사령부 총사령 대리로 임명. 11월 29일 서안시내 이부가 4호에 서안총사령부

를 설치. 총사령 대리로 총사령부 예하의 단위부대로 3개 지대를 편성(제1지대장 : 이준식, 제2지대장 : 공진원, 제3지대장 : 김학규)

1941년 1월 1일 무정부주의 계열의 무장조직인 한국청년전지공작대를 광복군에 편입시키고, 제5지대(지대장: 나월환) 성립식을 거행. 2월 1일 《광복》에 「한국광복군지성립여중국항전」을 발표. 3월 20일 《광복》에 「한국혁명적신계단」을 발표. 6월 20일 《광복》에 「미국연해방어여태평양방선」을 발표

1942년 1월 20일 《광복》에 「광복군성립후일년간지회고여전첨」을 발표. 10월 중국군사위원회의 명령에 의해 서안총사령부를 철수하고, 중경으로 귀환. 11월 제34차 의정원회의에서 국무위원으로 선출. 국무회의에서 생계부장에 임명

1943년 8월 이준식·박시창·김관오와 함께 광복군총사령부 고급참모

1944년 4월 제36차 의정원회의에서 국무위원으로 재선임

1945년 7월 한국독립당 제4차 전당대표대회에서 중앙감찰위원장에 선출. 8월 일제의 항복 소식을 접한 후, 국무회의를 개최하고 환국방침을 결의. 10월 24일 중국국민당이 주최한 환송연에 참석. 11월 4일 장개석이 주최한 환송 다회에 참석. 11월 5일 주석 김구를 비롯한 국무위원과 함께 중경에서 상해로 이동. 12월 1일 의정원 의장 홍진을 비롯하여 국무위원 등 22명과 함께 제2진으로 귀국. 군산비행장에 내려, 논산에서 하룻밤을 지냄. 12월 2일 대전 유성에서 비행기로 서울에 도착. 한미호텔에 투숙. 12월 3일 주석 김구의 숙소에서 개최된 국무회의에 참석

1946년 10월 《해동공론》에 「곧 고칠 습관」을 발표. 12월 《해동공론》에 「장래의 국방군」을 발표. 고향 제천으로 내려감

1953년 3월 12일 제천군 금성면 중전리에서 향년 75세로 서거

참고문헌

자료

《구한국관보》

《독립신문》

《대한민국임시정부공보》

『대한민국임시정부의정원문서』

『도산안창호전집』

『백범김구전집』

『우남이승만문서』

『대한민국임시정부법령집』

『한국독립운동사자료집』

『한국민족운동사료』

회고록

- 김영관, 『저 산을 넘어서』1997
- 김구, 『백범일지』
- 신숙, 『나의 일생』, 일신사, 1956

- 이범석, 『우둥불』, 사상사, 1971
- 정화암, 『이 조국 어디로 갈 것인가』, 자유문고, 1982
- 조경한, 『백강회고록』, 한국종교협의회, 1979
- 조동만, 『나의 회고』
- 진기섭, 『조국이여 산하여』, 도서출판 골드, 1993
- 황학수, 『회고록』

저서

- 김용달, 『한국독립운동의 인물과 노선』, 한울, 2004
- 김준엽 편, 『석린 민필호전』, 나남출판, 1995
- 김희곤, 『대한민국임시정부연구』, 지식산업사, 2004
- 노경채, 『한국독립당연구』, 신서원, 1996
- 박영석, 『일제하독립운동사연구』, 일조각, 1984
- 박환, 『만주한인민족운동사연구』, 일조각, 1991
- 방선주, 『재미한인의 독립운동』, 한림대 아시아문제연구소, 1989
- 서인한, 『대한제국의 군사제도』, 혜안, 2000
- 서중석, 『신흥무관학교와 망명자들』, 역사비평사, 2001
- 손과지(조일문 역), 『피어린 27년 대한민국임시정부』, 건국대 출판부, 1994
- 신주백, 『만주지역 한인의 민족운동사』, 아세아문화사, 1999
- 염인호, 『조선의용군의 독립운동』, 나남출판, 2001
- 윤병석, 『독립군사』
- ―――, 『국외한인사회와 민족운동』, 일조각, 1990
- ―――, 『근대한국민족운동의 사조』, 집문당, 1996

- 이연복,『대한민국임시정부30년사』, 국학자료원, 1999
- 지복영,『역사의 수레를 끌고 밀며』, 문학과 지성사, 1995
- 차문섭,『조선시대 군사관계연구』, 단국대 출판부, 1996
- 채근식,『무장독립운동비사』, 대한민국공보처, 1949
- 채영국,『한민족의 만주독립운동과 정의부』, 국학자료원, 2000
- 한상도,『한국독립운동과 국제환경』, 한울, 2000
- 한시준,『한국광복군연구』, 일조각, 1993

논문

- 김병기,「서간도 광복군사령부의 설립과 활동」,《한국근현대사연구》9, 1998
- 김영범,「조선의용대연구」,《한국독립운동사연구》2, 1988
- 김정인,「대한민국임시정부의 환국과 정치세력의 대응」,《대한민국임시정부수립 80주년 기념논문집》하, 1999
- 김희곤,「한국유일독립당촉성회에 대한 일고찰」,《한국학보》33, 1983
- 박걸순,「대한통의부 연구」,《한국독립운동사연구》4, 1990
- 이재호,「소벽 양우조의 생애와 독립운동」,《사학지》36, 2003

- 임재찬, 「구한말 육군무관학교 연구」, 동아대 대학원 박사학위논문, 1989
- 장세윤, 「한국독립군의 항일무장투쟁연구」, 《한국독립운동사연구》3, 1989
- 조범래, 「국민부의 결성과 활동」, 《한국독립운동사연구》2, 1988
- 최기영, 「상해판 《독립신문》의 발간과 운영」, 《대한민국임시정부수립80주년기념논문집》 하, 1999
- 한상도, 「재만 한국독립당과 한국독립군의 중국관내 이동」, 《사학연구》55, 1998
- 한시준, 「한국광복군과 중국군사위원회와의 관계」, 《국사관논총》47, 1993
- ―――, 「몽호 황학수의 생애와 독립운동」, 《사학지》31, 1998
- ―――, 「대한민국임시정부의 정보활동」, 《한국근현대사연구》15, 2000
- ―――, 「내몽고지역의 한국독립운동」, 《한국근현대사연구》23, 2002
- ―――, 「대한민국임시정부의 환국」, 《한국근현대사연구》25, 2003
- 황민호, 「만주지역 민족유일당운동에 관한 연구」, 《숭실사학》5, 1988

찾아보기

ㄱ

ㄹ

ㅁ

ㅂ

ㅊ

대한제국군에서 한국광복군까지 황학수

2013년 8월 15일 1판 3쇄
2006년 2월 24일 1판 1쇄

글쓴이 한시준
펴낸이 주혜숙
펴낸곳 역사공간
서울시 마포구 서교동 463-31 플러스빌딩 3층
전화: 725-8806~7, 팩스: 725-8801

등록 2003년 7월 22일 제6-510호
ISBN 978-89-98205-18-8 03900

* 잘못된 책은 바꿔 드립니다.

가격 13,000원